MAT®

Gehirn-Jogging

Basisübungen zum Mentalen AktivierungsTraining

Band II: 42 Übungseinheiten

von
Siegfried Lehrl
Maria Lehrl
Elisabeth Weickmann

VORWORT

Die Übungen zum Mentalen AktivierungsTraining (MAT) können vielseitig eingesetzt werden: überall da, wo es darum geht, seine geistige Fitness zu trainieren.

Gerade die kurzen Übungseinheiten sind gezielt darauf ausgerichtet, rasch die geistige Leistungsfähigkeit anzuregen, um sich für die täglichen Pflichten oder die anstehenden Aufgaben fit zu machen. So kann man das MAT-Gehirn-Jogging immer wieder als mentalen Anreger einsetzen.

Aber auch Patienten, die wegen Hirnleistungsstörungen in medikamentöser Behandlung sind, können das MAT-Training durchzuführen. Wissenschaftliche Untersuchungen konnten eindeutig belegen, daß die Kombination Gehirntraining + Medikament deutlich bessere Erfolge erzielt, als jede der beiden Maßnahmen für sich.

Es trifft nicht zu, daß das Gehirn mit schwierigen und komplizierten Aufgaben gefordert werden muß, um trainiert zu werden. Es ist wissenschaftlich nachgewiesen, daß die einfach erscheinenden Übungen recht wirksam sind. Denken Sie in diesem Zusammenhang an das körperliche Fitness-Training, wo man ja auch nicht versucht, täglich Höchstleistungen zu vollbringen, sondern mit regelmäßig durchgeführten einfachen Übungen eine gute Wirkung erzielen kann.

In diesem Sinne wünschen wir mit den folgenden Aufgaben viel Erfolg, aber auch Spaß.

Erlangen, im Februar 1994

Die Autoren

EINLEITUNG

Dieses Übungsbuch ist der zweite von zwei zusammengehörigen Bänden. Es enthält ebenso wie der erste Band 42 Übungseinheiten. Aufgabentypen, die bereits in Band I eingeführt wurden, werden nicht mehr ausführlich erläutert.
Die Übungen dienen als geistige Fitmacher. Deshalb sollte man vor dem Üben entspannt sein. Falls man bereits wegen anderer Tätigkeiten erschöpft oder müde ist, ist es günstig, erst auszuruhen.
Man sollte sich nach der Durchführung einer Übungseinheit möglichst anderen Tätigkeiten aus dem Alltag zuwenden, wie beispielsweise

> etwas besorgen, einkaufen,
> sich mit anderen Personen treffen,
> eine Sprache lernen,
> eine Reise vorbereiten,
> einen Gang zu Behörden erledigen,
> einen längst fälligen Brief schreiben,
> mit einem alten Bekannten telefonieren

und so weiter.

Am Morgen zu üben ist der günstigste Zeitpunkt. Der Spätnachmittag ist jedoch auch sehr dafür geeignet.

Man sollte täglich üben, auch am Samstag und Sonntag. Denn das Gehirn muß jeden Tag ebenso beschäftigt werden, wie die Körpermuskulatur und das Herz-Kreislaufsystem.

In dem folgenden Text sind drei verschiedene Buchstaben ausgelassen.

Welche sind das? Hier hinschreiben ->....................

Schreiben Sie die Buchstaben in die leeren Textstellen.

Ke.n Gedäc..n.s arbe..e. .under.prozen..g s.c.er, auc. das von Gedäc..n.sküns.lern n.c... S.e können s.c. wegen ..rer .r.cks auf e.n.gen Geb.e.en außerorden.l.c. v.el be.al.en, auf anderen br.ngen s.e jedoc. ke.ne besonderen Gedäc..n.sle.s.ungen. - Wer allgeme.n ge.s..g f.. .s., w.rd auc. me.s. m.. dem Gedäc..n.s zufr.eden se.n.

Bitte Datum eintragen, damit Sie später noch wissen, wann Sie geübt hatten:

❂ Heutiges Datum ....

Aus wenigen Figuren wurde ein Clown gezeichnet. Viele Figuren sind der Buchstabe D in verschiedenen Lagen, manchmal schwarz gefüllt, manchmal leer. Wieviele D kommen darin vor.

Anzahl hierher schreiben -> ....

Jetzt haben Sie Ihr Gehirn trainiert. Wenden Sie sich nun wieder Ihrem Alltag zu. Wissen Sie schon, was Sie als nächstes tun werden?

Schreiben Sie es bitte hierher:

....

Gehen Sie die nachfolgenden Buchstabenspalten von oben nach unten durch und prüfen Sie, ob drei gleiche Buchstaben wie ein Winkel mit der Spitze nach oben beieinander stehen. Wenn Sie drei gleiche gefunden haben, streichen Sie diese bitte durch.

Beispiel:

EKD
LDL
DLD
WSE

Sobald Sie die erste Spalte bearbeitet haben, nehmen Sie sich die zweite rechts daneben vor und so weiter. Bitte rasch arbeiten!

Spalte

1	2	3	4	5
EWR	RMD	LQI	PWS	IZP
WHW	MCM	WUI	CQG	ZSZ
QXK	WNL	JQG	PPL	DPD
CIG	NWN	OMV	CYG	XPE
ZNN	WVW	AQQ	PJQ	PDP
DXÖ	KDR	XII	JWJ	KAF
ASA	DRG	HJK	FSF	ZTZ
FAE	RSR	HGH	FJT	HJG
KWK	LSK	KHK	RTV	DKD
LKO	SES	WKT	TET	GDR
KDK	MJO	XSL	ZTZ	TAF
GKA	WQW	JTE	XCX	RFR
OAD	KKU	TBT	EOK	YKA
AYA	QQL	BWO	DXW	FHK

Zählen Sie nun zusammen, wieviele Sie durchgestrichen haben.

Schreiben Sie diese Zahl hierher -> ....

❂ Heutiges Datum ....

Zwischen lauter sinnlos angeordneten Buchstaben stecken folgende Wörter:

KREIS, BUCH, KASTANIENBAUM, BLATT, RINDE,
KÄFER, SCHAUFEL

Sie stehen in der oben angegebenen Reihenfolge, also zuerst KREIS, dann BUCH und so weiter.

Finden Sie sie heraus und unterstreichen Sie jedes gefundene Wort im Rahmen.

OPQDGKMESDAKREISEWYXVCMBBMFOGJTIGERN
BUCHREJOJOGHIERWOLKEOFCNXYVBFGHSFHOCNRTL
GTRAGERTNOSTURENGAROETERSTGHUNALGERBON
KASTANIENBAUMNHAIFENHEOT FJSONBLATTHENOTOG
JORJFOJGOJOJHKRINDEOETKJGOISTANGEKASTOR
TKGKÄFERZIRETKJHGFDEAESSCHAUKELTRUSTEWAR
JORJFOJGOJOJHKRINDEOETKJGOISTANGEKÄFER
EEQSGNIHZZGHGSGTUOZALFGFSCHAUFELHORNADEN

Prüfen Sie, ob Sie alles haben.

Jetzt haben Sie Ihr Gehirn trainiert. Wenden Sie sich nun wieder Ihrem Alltag zu. Wissen Sie schon, was Sie als nächstes tun werden?

Schreiben Sie es bitte hierher:

....

Gehen Sie die nachfolgenden Buchstabenspalten von oben nach unten durch und prüfen Sie, ob drei gleiche Buchstaben schräg untereinander stehen. Wenn Sie drei gleiche gefunden haben, streichen Sie diese bitte durch.

Beispiel: DKR / LDM / ERD / WEL

Sobald Sie die erste Spalte bearbeitet haben, nehmen Sie sich die zweite rechts daneben vor und so weiter. Bitte rasch arbeiten!

Spalte

1	2	3	4	5
ERR	RDD	AQI	QWS	IWP
UHW	MMM	WAI	CQG	KLZ
ZUZ	EWX	UUA	QDQ	KTK
QXU	WIL	JQG	PPL	PPD
CIG	NWN	OMV	CYG	XPE
ZNN	LMW	AQQ	PLQ	SAP
DAÖ	KDR	XII	JTO	KAF
XDX	LWX	AAS	OJD	VAQ
OOD	QWK	KCP	KKJ	AVJ
QWK	OQA	GKG	WKI	ZTV
NND	YIQ	WXK	ZRE	TFW
OOE	RYR	JPS	AGO	VCI
LOL	DOY	WOW	TGS	BJK
WEO	PQH	LKD	HTL	XBL
PZW	EKW	XLU	QAT	DOB

Zählen Sie nun zusammen, wieviele Sie durchgestrichen haben.

Schreiben Sie diese Zahl hierher -> ....

✪ Heutiges Datum ....

In den ersten drei Kästchen befinden sich Figuren. Sie verändern sich von links nach rechts. Welche Figur gehört in das vierte (gestrichelte) Kästchen? Wählen Sie das passende unter den ganz rechts stehenden aus.

a b c d e

Beispiel: richtig ist b, denn der Pfeil dreht sich nach rechts.

Machen Sie nun selbst weiter:

a b c d e

1

a b c d e

2

a b c d e

3

a b c d e

4

Jetzt haben Sie Ihr Gehirn trainiert. Wenden Sie sich nun wieder Ihrem Alltag zu. Wissen Sie schon, was Sie als nächstes tun werden?

Unter den folgenden Buchstabengruppen sind auch diese

LOP oder **DFA** oder **WEB**

Wenn Sie eine davon finden, unterstreichen Sie sie immer. Prüfen Sie dies erst für die erste Spalte, dann die zweite und so weiter.

Spalte						
1	2	3	4	5	6	7
SDF	GLH	LOP	DFA	VCM	BBM	DFA
GJH	CSX	JOG	JJO	WEB	DFA	WEB
JOG	VBX	GPW	FDJ	KSN	TRH	EJO
WLK	WHX	IUR	WEB	CXS	KZT	GPW
GPW	XKL	WBE	JGV	LOP	PLB	PRP
DFA	GPW	WEB	BRB	MVY	WEB	XPK
ZKN	MKW	OQO	GPW	DFA	PYL	PKS
CSX	WEB	KNK	XOR	GPW	KIO	WEB
GTJ	JOG	WLW	GFF	FEE	WSD	GHJ
WEB	LKO	RWK	LSK	KEK	DFA	RTV
DKD	DFA	LCO	KEJ	WEB	WKT	TET
JOG	KDS	GPW	LOP	XSL	ZKZ	DFA
DFA	GPW	WPG	DFA	WJK	OAG	LOP
WEB	CRK	LOP	HTO	GPW	PWG	CSX
INQ	JOG	DFA	WEB	WLW	LOP	BDS
GPW	LEI	HOG	KLD	DFA	RWL	OEO

....

Zählen Sie nun zusammen, wieviele Sie pro Spalte durchgestrichen haben.

Heutiges Datum ....

Wieviele Quadrate kommen in der folgenden Figur vor?

Es sind .... Quadrate.

Jetzt haben Sie Ihr Gehirn trainiert.

Wenden Sie sich nun wieder Ihrem Alltag zu. Wissen Sie schon, was Sie als nächstes tun werden?

Schreiben Sie es bitte hierher:

....

Gehen Sie die nachfolgenden Buchstabenspalten von oben nach unten durch und prüfen Sie, ob drei gleiche Buchstaben schräg untereinander stehen. Wenn Sie drei gleiche gefunden haben, streichen Sie diese bitte durch.

Beispiel: DKR
LDM
EMD
MEL

Sobald Sie die erste Spalte bearbeitet haben, nehmen Sie sich die zweite rechts daneben vor und so weiter.
Bitte rasch arbeiten!

Spalte

1	2	3	4	5
ERR	**RDD**	**ALQ**	**QWS**	**IWP**
URW	**MMW**	**WQL**	**CQG**	**KPZ**
RUZ	**EWX**	**QUA**	**QGQ**	**PTK**
QXU	**WIL**	**JQG**	**GPL**	**PPD**
CIG	**NWN**	**OMV**	**CYG**	**XPE**
ZGN	**LMW**	**AVQ**	**PLQ**	**SEP**
DAÖ	**KDR**	**VAL**	**JTO**	**EAF**
XDX	**LRX**	**AAS**	**OJD**	**VAQ**
OOD	**RWK**	**KCP**	**KDJ**	**AVJ**
QWK	**OQA**	**GKG**	**DKI**	**ZTV**
NKD	**YIQ**	**WXK**	**ZRE**	**TFW**
KOE	**RYO**	**JPS**	**AGO**	**VWI**
LOL	**DOY**	**WSW**	**TOS**	**WJK**
WLO	**OQH**	**SKD**	**OTL**	**XKL**
LPW	**EKW**	**XLU**	**QAT**	**KOB**

Zählen Sie nun zusammen, wieviele Sie durchgestrichen haben.

Schreiben Sie diese Zahl hierher -> ....

✪ Heutiges Datum ....

Finden Sie sechs Wörter, die mit den beiden Buchstaben **at** enden.

Beispiel: Heim**at**

1) ....

2) ....

3) ....

4) ....

5) ....

6) ....

Jetzt haben Sie Ihr Gehirn trainiert. Wenden Sie sich nun wieder Ihrem Alltag zu. Wissen Sie schon, was Sie als nächstes tun werden?

Schreiben Sie es bitte hierher:

....

Stellen Sie sich das Wort

ERLANGEN

im Kopf vor.

Welche Wörter kann man daraus bilden? Beispiele sind:

ER
GAR
LEE

Wissen Sie noch fünf weitere Wörter?

Schreiben Sie sie bitte hierher:

....

....

....

....

....

ACHTUNG!

Es gelten nur Wörter, wie sie in Wörterbüchern oder dem Duden stehen.
In jedem neuen Wort dürfen nur Buchstaben genommen werden, die in ERLANGEN vorkommen. Also beispielsweise nicht GELEE, weil E nur zweimal vorhanden ist.

Sie sehen hier ein Labyrinth, bei dem man an vielen Stellen in Sackgassen landet. Versuchen Sie, mit einem Bleistift oder Kugelschreiber außen vom Pfeil in den Mittelpunkt mit dem Zeichen * zu gelangen.

Fahren Sie nur an den Wegen entlang und überschreiten Sie nicht die Begrenzungslinien. Vermeiden Sie Sackgassen. Wenn Sie in einer sind, drehen Sie mit dem Stift um und probieren Sie weiter, bis Sie in der Mitte am * sind.

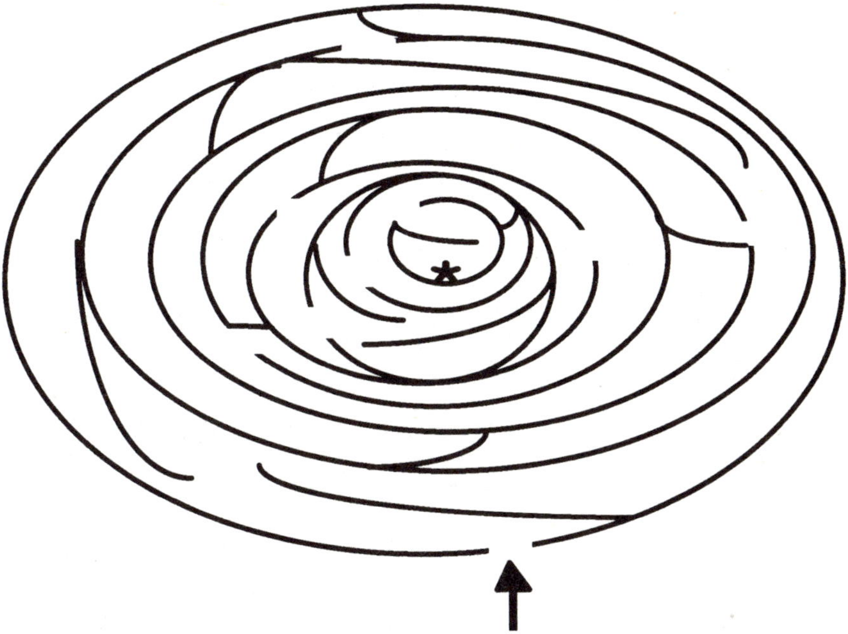

Jetzt haben Sie Ihr Gehirn trainiert. Wenden Sie sich nun wieder Ihrem Alltag zu. Wissen Sie schon, was Sie als nächstes tun werden?

Schreiben Sie es bitte hierher:

....

In dem folgenden Text sind zwei Buchstaben durch Punkte ersetzt

Welche sind das? Hier hinschreiben ->....................

Schreiben Sie die Buchstaben über die Punkte.

Das .AT-Gehir.-Joggi.g ist ei. geistiger Fit.acher. .ach de. Trai.i.g soll .a. sich .öglichst de. vielfältige. Aufgabe. des Alltages, Berufes oder der Freizeit zuwe.de.. Vieles geht da.. leichter vo. der Ha.d, besser gesagt, leichter i. Kopf. Habe. Sie sich für heute scho. etwas besti..tes vorge.o..e.? Was wolle. Sie heute noch erledige.? Habe. Sie ei.e. Ter.i. oder ei.e Verabredu.g, die Sie .icht versäu.e. dürfe.?

Bitte Datum eintragen, damit Sie später noch wissen, wann Sie geübt hatten:

✪ Heutiges Datum ....

Behalten Sie die links stehenden Ziffern im Kopf und vergleichen Sie immer die rechts stehenden Zahlen, ob sie gleich sind.

Beispiel: **8273** 8572 5273 8273 8372 8273 7273

Unterstreichen Sie rechts die richtige Kombination. Es können auch mehr als eine vorkommen, dann diese alle unterstreichen. Beim obigen Beispiel wäre richtig gewesen:

8273 8572 5273 <u>8273</u> 8372 <u>8273</u> 7273

A) **4058** **4298 4058 9058 4025 4058 4058 4558 4908 4108 4058**

B) **9516** **9516 9296 9416 1516 9516 9416 9566 9566 9516 7516**

C) **72439** **727239 72439 72139 72939 72439 72433 72439**

D) **62948** **629298 62948 62948 62948 62948 6448 6648 62948**

E) **1379** **1379 1279 1377 1333 1379 1791 7379 1359 1379 9779**

F) **5312** **6061 5316 5312 6566 6312 6506 5312 65372**

Jetzt haben Sie Ihr Gehirn trainiert. Wenden Sie sich nun wieder Ihrem Alltag zu. Wissen Sie schon, was Sie als nächstes tun werden?

Schreiben Sie es bitte hierher:

....

In einem Text sind drei Buchstaben verlorengegangen. Dafür stehen nur noch Punkte.

Welche sind das? Hier hinschreiben ->....................

Schreiben Sie die Buchstaben über die Punkte.

Mi. zunehmendem .l.e. h.ben viele Menschen .ngs., d.ß Ihnen N.men von Bek.nn.en nich. sofo.. einf.llen. W.s soll.e m.n übe. d.s E.inne.n von N.men wissen? 1) .uch .nde.en, selbs. Jünge.en en.f.llen N.men. Diese nehmen es nu. leich.e.. 2) Je länge. m.n nich. meh. einen N.men geb..uch. h.., des.o länge. d.ue.. es, bis e. einem wiede. einfäll.. D.s k.nn viele Sekunden bis Minu.en l.ng d.ue.n. 3) Wenn m.n .ngs. h.., d.ß einem ein N.me nich. meh. einfäll., k.nn m.n sich e.s. .ech. nich. e.inne.n. In .uhe fäll. e. einem of. wiede. ein. .lso soll.e m.n d.s N.menve.gessen locke. nehmen. Denn .uch .nde.e h.ben d.mi. P.obleme. Ein menschliches Gedäch.nis is. eben nich. pe.fek..

Bitte Datum eintragen, damit Sie später noch wissen, wann Sie geübt hatten:

✪ Heutiges Datum ....

Wieviele Quadrate finden Sie in diesem Bild?

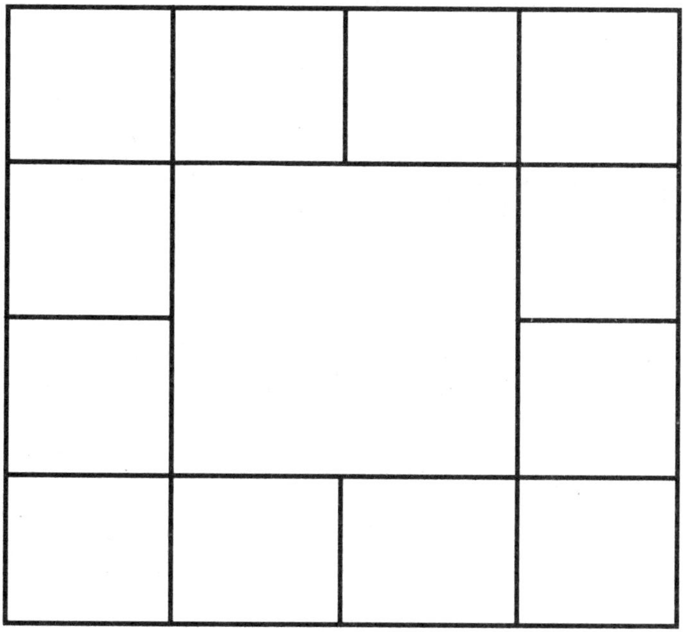

Es sind .... Quadrate.

Jetzt haben Sie Ihr Gehirn trainiert.

Wenden Sie sich nun wieder Ihrem Alltag zu. Wissen Sie schon, was Sie als nächstes tun werden?

Schreiben Sie es bitte hierher:

....

Stellen Sie sich das Wort

STERNSTUNDE

im Kopf vor.

Welche Wörter kann man daraus bilden? Beispiele sind:

STERN
UND

Wissen Sie noch fünf weitere Wörter?

Schreiben Sie sie bitte hierher:

....

....

....

....

....

Bitte Datum eintragen, damit Sie später noch wissen, wann Sie geübt hatten:

✪ Heutiges Datum ....

Behalten Sie bei der folgenden Aufgabe die links stehenden Ziffern im Kopf und vergleichen Sie immer die rechts stehenden Blöcke, ob sie gleich sind.

Beispiel: **3286** 3582 3186 3286 8641 3286 7186

Unterstreichen Sie rechts die richtige Kombination. Es können auch mehr als eine vorkommen, dann alle unterstreichen. Beim obigen Beispiel wäre richtig gewesen:

3286 3582 3186 <u>3286</u> 8641 <u>3286</u> 7186

A) **7938 7298 7938 9038 7025 7938 7938 4638 7908 7108 7938**

B) **5306 5306 5296 5416 1306 5306 8406 8336 8666 5306 7306**

C) **2483 2580 2523 2483 2183 2689 2483 2488 2483 5243**

D) **1746 7176 1746 1746 1746 4675 1766 1746 3346 1746**

E) **6049 6049 6049 6047 6000 6049 629 2049 6059 6049 9249**

F) **5312 5061 6536 5312 5366 5312 5306 5312 5372 3521**

Jetzt haben Sie Ihr Gehirn trainiert. Wenden Sie sich nun wieder Ihrem Alltag zu. Wissen Sie schon, was Sie als nächstes tun werden?

Schreiben Sie es bitte hierher:

....

In den ersten drei Kästchen befinden sich Figuren. Sie verändern sich von links nach rechts. Welche Figur gehört in das vierte (gestrichelte) Kästchen? Wählen Sie das passende unter den ganz rechts stehenden aus.

a b c d e

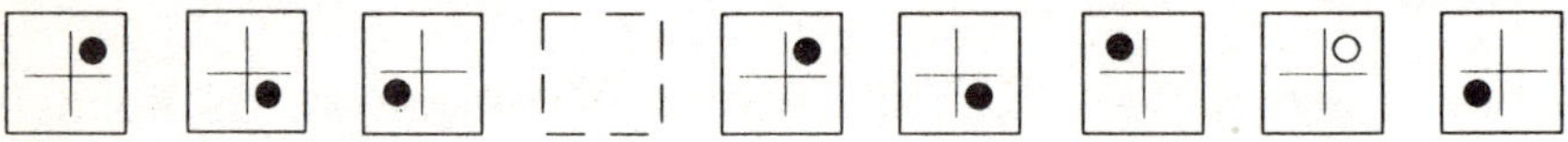

Beispiel: richtig ist c, der Ball dreht sich gegen den Uhrzeigersinn

Machen Sie nun selbst weiter:

a b c d e

1

a b c d e

2

a b c d e

3

a b c d e

4

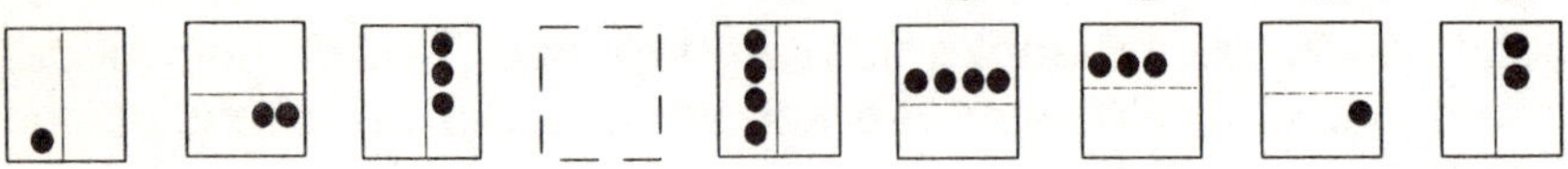

Heutiges Datum ....

In dem folgenden Text sind drei Buchstaben nicht richtig wiedergegeben.

Welche sind das? Hier hinschreiben -> ....

Schreiben Sie die Buchstaben über die falschen Textstellen.

Mi. Gehi.n..aining ha..en Sie Ih.e g.auen Ze..en auf ..ab. We. seinen Geis. nich. .äg.ich fo.de.., kann schon in jungen Jah.en ein Nach.assen des Gedäch.nisses fes.s.e..en. Nach.ei.ig wi.ken sich wenig Sch.af oder hohe. A.koho.konsum auf das Gehi.n aus. Die zusä.z.iche Einnahme von Vi.amin-B, Knob.auch, Magnesium ode. .eci.hin kann sich .eis.ungsfö.de.nd auf Ih. Gedäch.nis auswi.ken.

Jetzt haben Sie Ihr Gehirn trainiert. Wenden Sie sich nun wieder Ihrem Alltag zu. Wissen Sie schon, was Sie als nächstes tun werden?

Schreiben Sie es bitte hierher:

....

Gehen Sie die nachfolgenden Buchstabenspalten von oben nach unten durch und prüfen Sie, ob drei gleiche Buchstaben wie ein Winkel mit der Spitze nach unten beieinander stehen. Wenn Sie drei gleiche gefunden haben, streichen Sie diese bitte durch.

Beispiel:

EKD
LDL
ELP
WSE

Sobald Sie die erste Spalte bearbeitet haben, nehmen Sie sich die zweite rechts daneben vor und so weiter.
Bitte rasch arbeiten!

Spalte

1	2	3	4	5
CIG	**NPN**	**OMV**	**CYG**	**XKE**
ZNN	**LNW**	**AQQ**	**PLQ**	**PAP**
TOT	**KDR**	**XOS**	**KJK**	**KPF**
PTP	**LWX**	**AAS**	**OKD**	**LAQ**
OPO	**QWK**	**KKP**	**KKE**	**WIW**
QWK	**OCX**	**VRV**	**WKI**	**ZWJ**
NND	**TIT**	**WVS**	**ZKZ**	**TFW**
RIR	**RTR**	**JPK**	**AZO**	**VCI**
RLR	**DOO**	**WLW**	**LGS**	**BNB**
WEI	**YTY**	**LWD**	**HWL**	**XBL**
TGK	**RDD**	**LQI**	**PWS**	**IWP**
SDF	**LAL**	**WAI**	**CQG**	**ZFZ**
EAE	**ELX**	**CGC**	**QHQ**	**KZK**
QEK	**WIL**	**JCG**	**PQL**	**DPD**

Zählen Sie nun zusammen, wieviele Sie durchgestrichen haben.

Schreiben Sie diese Zahl hierher -> ....

❂ Heutiges Datum ....

Wieviele Dreiecke enthält die folgende Figur?

Es sind .... Dreiecke.

Jetzt haben Sie Ihr Gehirn trainiert.

Wenden Sie sich nun wieder Ihrem Alltag zu. Wissen Sie schon, was Sie als nächstes tun werden?

Schreiben Sie es bitte hierher:

....

Setzen Sie diese Reihen fort:

A)	**3 6 9 12 15 18**	....
B)	**13 15 17 19 21 23 25**	....
C)	**26 23 20 17 14 11**	....
D)	**67 76 85 94 103 112**	....
E)	**38 33 27 22 16 11**	....
F)	**78 71 64 57 50 43**	....
G)	**2 3 5 8 12 17**	....
H)	**2 5 4 7 6 9**	....
I)	**12 16 18 22 24 28**	....
J)	**38 31 25 20 16**	....

Bitte Datum eintragen, damit Sie später noch wissen, wann Sie geübt hatten:

✪ Heutiges Datum ....

Zwischen lauter sinnlos angeordneten Buchstaben stecken folgende Wörter:

DAUER, BAUCH, KISTE, BLUMEN, REISE,
KAFFEE, SCHAUKEL, RONDELL, AUGEN

Sie stehen in der oben angegebenen Reihenfolge, also zuerst DAUER, dann BAUCH und so weiter.

Finden Sie sie heraus und unterstreichen Sie jedes gefundene Wort im Rahmen.

UKPDGKMESDAUERISEWYXVCMBBMFOGJTARERN
BAUHREJOJOGHIERWOLKCYVBFAGHSFBAUCHOCNRTL
GTRAGERTNOSTURENGKISTEERSTGHUNALGERBON
KASTBAUMNHAIFENHEOTFJSONBLUMENGREOTOG
JORJFOJGOJOJHKREISEOETKJGOISTANGEKASTOR
TKGKAFFEEIRETKJHGFDEAESSCHAUKELTRUSTEWAR
JORJFOJGOJOJHKRONDELLTKJGOISTANGEKAFF
ERQGNIHZZGHGSGTUOZALFGFSCHAUGENHOSRNADE

Prüfen Sie, ob Sie alles haben.

Jetzt haben Sie Ihr Gehirn trainiert. Wenden Sie sich nun wieder Ihrem Alltag zu. Wissen Sie schon, was Sie als nächstes tun werden?

Schreiben Sie es bitte hierher:

....

In den ersten drei Kästchen befinden sich Figuren. Sie verändern sich von links nach rechts. Welche Figur gehört in das vierte (gestrichelte) Kästchen? Wählen Sie das passende unter den ganz rechts stehenden aus.

a b c d e

Beispiel: richtig ist e, es ist immer 1 Punkt weniger.

Machen Sie nun selbst weiter:

a b c d e

1 

a b c d e

2 

a b c d e

3 

a b c d e

4 

Heutiges Datum ....

Finden Sie sechs Wörter, die mit den beiden Buchstaben **il** enden.

Beispiel: Körperte**il**

1) ....

2) ....

3) ....

4) ....

5) ....

6) ....

Jetzt haben Sie Ihr Gehirn trainiert. Wenden Sie sich nun wieder Ihrem Alltag zu. Wissen Sie schon, was Sie als nächstes tun werden?

Schreiben Sie es bitte hierher:

....

Gehen Sie die nachfolgenden Ziffernspalten von oben nach unten durch und prüfen Sie, ob drei gleiche Ziffern im Winkel übereinander stehen. Wenn Sie drei gleiche gefunden haben, streichen Sie diese bitte durch.

Beispiel: 953
585
323
444

Sobald Sie die erste Spalte bearbeitet haben, nehmen Sie sich die zweite rechts daneben vor und so weiter. Bitte rasch arbeiten!

Spalte 1	2	3	4	5
597	**373**	**603**	**073**	**370**
929	**717**	**753**	**007**	**555**
444	**978**	**545**	**000**	**545**
317	**888**	**605**	**212**	**146**
222	**528**	**277**	**666**	**580**
085	**736**	**101**	**006**	**808**
111	**343**	**030**	**545**	**444**
131	**888**	**976**	**091**	**859**
548	**680**	**500**	**065**	**535**
444	**878**	**096**	**565**	**465**
852	**777**	**833**	**444**	**550**
282	**781**	**313**	**897**	**707**
898	**878**	**121**	**989**	**070**

Zählen Sie nun zusammen, wieviele Sie durchgestrichen haben.

Schreiben Sie diese Zahl hierher -> ....

✪ Heutiges Datum ....

Sie sehen hier ein Labyrinth, bei dem man an vielen Stellen in Sackgassen landet. Versuchen Sie, mit einem Bleistift oder Kugelschreiber außen vom Pfeil in den Mittelpunkt mit dem Zeichen * zu gelangen.

Fahren Sie nur an den Wegen entlang und überschreiten Sie nicht die Begrenzungslinien. Vermeiden Sie Sackgassen. Wenn Sie in einer sind, drehen Sie mit dem Stift um und probieren Sie weiter, bis Sie in der Mitte am * sind.

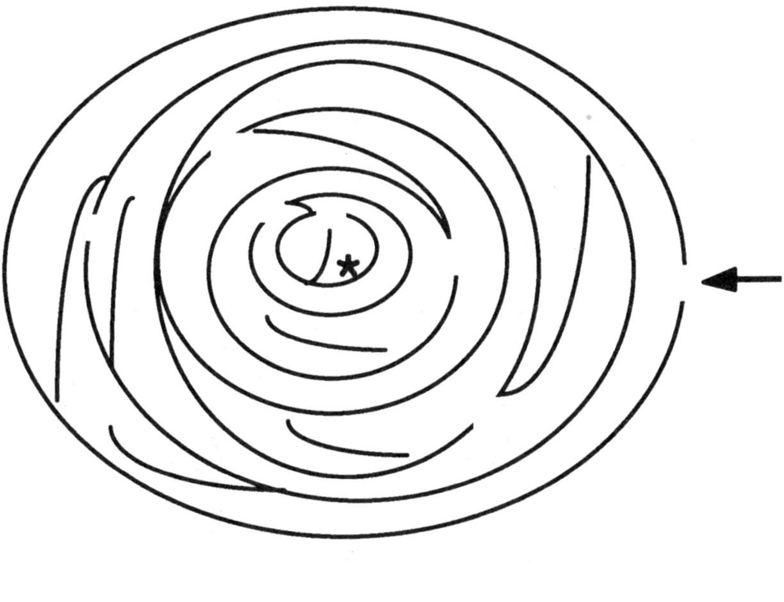

Jetzt haben Sie Ihr Gehirn trainiert. Wenden Sie sich nun wieder Ihrem Alltag zu. Wissen Sie schon, was Sie als nächstes tun werden?

Schreiben Sie es bitte hierher:

....

Gehen Sie die nachfolgenden Buchstabenspalten von oben nach unten durch und prüfen Sie, ob zwei gleiche Buchstaben nebeneinander stehen. Wenn Sie zwei gleiche gefunden haben, streichen Sie diese bitte durch.

Beispiel:	HL	Sobald Sie die erste Spalte bearbeitet
	~~DD~~	haben, nehmen Sie sich die zweite
	EW	rechts daneben vor und so weiter.
	~~NN~~	Bitte rasch arbeiten!

Spalte

1	2	3	4	5
TR	DD	KP	FF	AX
EW	JH	LI	CH	SL
AA	WX	UU	QQ	KT
BK	WL	JG	PL	DP
CG	NM	MV	CY	XK
TU	NG	DF	PL	PP
DY	KR	XI	JJ	KA
SC	LW	IP	JD	LA
BB	KL	DD	SF	SE
WK	OO	KJ	WK	AT
ND	JJ	XS	AA	TF
PY	EG	JS	ZM	VC
LL	DO	WW	LG	BB
EI	HH	ZD	WL	XO
OO	WK	KK	KE	VV

Zählen Sie nun zusammen, wieviele Sie durchgestrichen haben.

Schreiben Sie diese Zahl hierher -> ....

❂ Heutiges Datum ....

Sie sehen hier ein Labyrinth, bei dem man an vielen Stellen in Sackgassen landet. Versuchen Sie, mit einem Bleistift oder Kugelschreiber außen vom Pfeil in den Mittelpunkt mit dem Zeichen * zu gelangen.

Fahren Sie nur an den Wegen entlang und überschreiten Sie nicht die Begrenzungslinien. Vermeiden Sie Sackgassen. Wenn Sie in einer sind, drehen Sie mit dem Stift um und probieren Sie weiter, bis Sie in der Mitte am * sind.

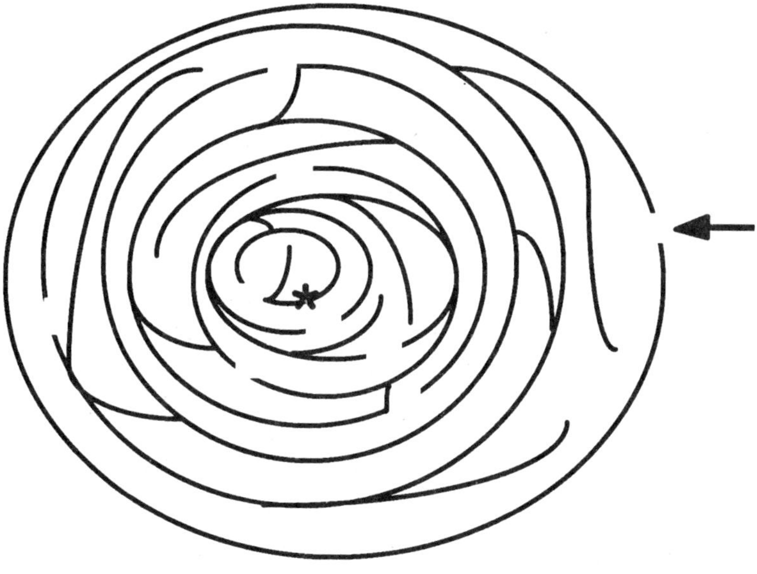

Jetzt haben Sie Ihr Gehirn trainiert. Wenden Sie sich nun wieder Ihrem Alltag zu. Wissen Sie schon, was Sie als nächstes tun werden?

Schreiben Sie es bitte hierher:

....

Behalten Sie die links stehenden Buchstaben im Kopf und vergleichen Sie immer die rechts stehenden Blöcke, ob sie gleich sind.

Beispiel: **cwkm** cvkn vwkm cwkm kmcw cwkm iwkmm

Unterstreichen Sie rechts die richtige Kombination. Es können auch mehr als eine vorkommen, dann alle unterstreichen. Beim obigen Beispiel wäre richtig gewesen:

cwkm cvkn vwkm <u>cwkm</u> kmcw <u>cwkm</u> iwkm

A) **rpdg rpdg rakg rfyg opdg rpdg ridg rppg rggg rpdg cpdg**

B) **ydfa ygha ydfa wdfa ydgj ydfa ydfa qrfa yopa yhda ydfa**

C) **pkcm pkcg ppcm pkcm pscm ppcp pkcm pkcc pkcm**

D) **zurnl zurrl zurnl zurnl lrnl zurll zurnl zunnl zuzunl zurnl**

E) **udhc udhc uohc udht uddd udhc udhc udmc udhc ofhc**

F) **elhc elhc eohc elho eldd uelc uecl uelc uemc uehc**

Bitte Datum eintragen, damit Sie später noch wissen, wann Sie geübt hatten:

✪ Heutiges Datum ....

Finden Sie sechs Wörter, die mit den beiden Buchstaben **nd** enden.

Beispiel: Wa**nd**

1) ....

2) ....

3) ....

4) ....

5) ....

6) ....

Jetzt haben Sie Ihr Gehirn trainiert. Wenden Sie sich nun wieder Ihrem Alltag zu. Wissen Sie schon, was Sie als nächstes tun werden?

Schreiben Sie es bitte hierher:

....

Schauen Sie die Buchstaben in dem folgenden Kästchen durch. Immer, wenn Sie ein **D** sehen, unterstreichen Sie es bitte.

Beispiel: RLHZORQDGFHWZDFHXCBMFGAWEDFHJ

Arbeiten Sie bitte rasch!

DLPOKWQHWIURPOZPUDPFJSHDFIGKÖZUKLDIO
PUJRFSGWTAXDJGKHHLEDTÄÖSXVBMDKPÄGPRJU
WHQSDJFKSAAKFMGLKTOEFOWDWPGPONEISUDW
KEGBDTHKBRSIDOBHKOZKHOJRSDWJDOVZKQKO
JSRWCDOJTGOVDJSGFOIEPDJKZTGOREJGIKTSU
JPFKDOIDFJGKSDBNPVLKFDPUGJDOSBKDPIGJTZP
HGCFKWISDUFZJGKPCFDKJSGIJDPODFGSKPZWEDSX
VNKKHZODSDPÖLKMHQAYXDERIUTRSFHKLÖNDGTREG
QJUKTGSDZUIOPRQGKDWPGPONEISUQWELHGH KBRSI
PÄGFPRJUW HQSHJFKSAAKGFMGLKTOEFOWÜWPGPO

Zählen Sie nun zusammen, wie oft D vorkam.

Schreiben Sie diese Zahl hierher -> ....

Wenn Sie sich um ein oder zwei verzählt haben, ist es nicht so schlimm. Haben Sie sich öfter verzählt, sollten Sie darauf achten, daß Sie etwas sorgfältiger sind. Lieber dann nicht so schnell sein.

Bitte Datum eintragen, damit Sie später noch wissen, wann Sie geübt hatten:

✪ Heutiges Datum ....

Zwischen lauter sinnlos angeordneten Buchstaben stecken folgende Wörter:

HIMMEL, REHBOCK, PFÜTZE, PAPPELALLEE, GESTEIN
GRABEN, AMMONIT, GLADIOLE, AUSTER

Sie stehen in der oben angegebenen Reihenfolge, also zuerst HIMMEL, dann REHBOCK und so weiter.

Finden Sie sie heraus und unterstreichen Sie jedes gefundene Wort im Rahmen.

SDFGLHKÖEWYXVCMHINHIMMELMEJGOJZOR EJOJOG
KCOMPREHBOCKXYVBXCNVFDJKSNTRHEOTBALRNF
JOJORJFOJGDORFKLDTJRPFÜTZEOMTRTGEKNSTADTJ
OTKGJIOPAPPELALLEETKJHGERSTTEREGESTEING
HGSRHEISTREGDHJIZREGEWBOWAENGRABENHKTELSG
ZWOTZOEGKDZPGJKWGPAMMONITFOLZPOGJT KERKF
KEJKDDFOÖQIDACBJKLFKDFKJERGLADIOLEKVOME
ROMFIRAUSTMOJKMCÖAUSTEROKECDLPORETRJK LK

Jetzt haben Sie Ihr Gehirn trainiert. Wenden Sie sich nun wieder Ihrem Alltag zu. Wissen Sie schon, was Sie als nächstes tun werden?

Schreiben Sie es bitte hierher:

....

Unter den folgenden Zahlen stehen auch diese

471 oder 903 oder 614

Wenn Sie eine davon finden, unterstreichen Sie sie immer. Prüfen Sie dies erst für die erste Spalte, dann die zweite und so weiter.

Spalte						
1	2	3	4	5	6	7
162	**903**	**755**	**903**	**885**	**335**	**903**
434	**730**	**745**	**373**	**614**	**614**	**720**
471	**834**	**614**	**263**	**719**	**944**	**579**
237	**374**	**327**	**347**	**373**	**471**	**693**
475	**973**	**475**	**471**	**974**	**317**	**471**
069	**459**	**614**	**426**	**595**	**144**	**345**
514	**471**	**044**	**614**	**471**	**204**	**531**
903	**096**	**433**	**737**	**945**	**450**	**342**
493	**009**	**471**	**225**	**516**	**903**	**326**
183	**514**	**344**	**903**	**243**	**757**	**903**
624	**614**	**471**	**091**	**409**	**153**	**579**
614	**974**	**375**	**372**	**234**	**472**	**327**
518	**449**	**042**	**903**	**741**	**933**	**614**

....

Zusammenzählen, wieviele Zahlen pro Spalte unterstrichen wurden.

Bitte Datum eintragen, damit Sie später noch wissen, wann Sie geübt hatten.

❂ Heutiges Datum ....

Verbinden Sie in dem folgenden Feld die Zahlen miteinander. Ziehen Sie einen Strich von der 1 zur 2, dann von hier zur 3, danach zur 4 und so weiter. Am Schluß landen Sie bei 40.

Die verbindenden Striche müssen nicht immer ganz gerade sein.

1 23 14 15 26 27

16 2 30 29

11 3 5 40

12 4 28

17 19 6 31 9

22 13 7 8

35 36 38

33 10 18 37 39

34 20 21 32 24 25

Jetzt haben Sie Ihr Gehirn trainiert.

Wenden Sie sich nun wieder Ihrem Alltag zu. Wissen Sie schon, was Sie als nächstes tun werden?

Schreiben Sie es bitte hierher:

....

Unterstreichen Sie bitte die Buchstaben **GH**

Beispiel: EIFSERQGHLKOFRGHGHTNCY

Arbeiten Sie bitte rasch!

DFKJEROIMGHVOMEROMFOIROMIRMOGHMCDLPO
DOFOKECDLPORETRGHWEROOKVODKOPGHFOK
EROKFOGHJEROGHGIOEJOIJOEIGHGPOEDKFPOK
POFGTFOERFJOEJFOPWJOIIEGHFOIERJFOIGHOIF
JOIEGHFOJOFAPOERGHFOIJEROIFGHOIEJAFOIWE
GHFOIWEGHFOIWEJOIEWFGHOIEFJOIEWFGHOEIJR
GQEOZCSBNOIGHIEWGHEQRIWGHIJFNNÖULKZWO
TZOEGKDZPGGHWGPTLEDLGFOLZPOGGHERKFKE
GHDDFOÖQIDACBGHLFKMEROMFOIROMIROGHM
CDLKPODOFOKECDLPORETRGHWEROOKODKOPGH
FOKGHWGPTLEDLESGFOLZPOGGHERKFKEACBGHLFK
GQEOZCSBOIGHIEWGHEQRIWGHIJFNNÖULKZWOREW

Zählen Sie nun zusammen, wie oft GH vorkam.

Schreiben Sie diese Zahl hierher -> ....

Wenn Sie sich um ein oder zwei verzählt haben, ist es nicht so schlimm. Haben Sie sich öfter verzählt, sollten Sie darauf achten, daß Sie etwas sorgfältiger sind. Lieber dann nicht so schnell sein.

Bitte Datum eintragen, damit Sie später noch wissen, wann Sie geübt hatten:

- Heutiges Datum ....

In den ersten drei Kästchen befinden sich Figuren. Sie verändern sich von links nach rechts. Welche Figur gehört in das vierte (gestrichelte) Kästchen? Wählen Sie das passende unter den ganz rechts stehenden aus.

a b c d e

Beispiel: richtig ist e, es ist immer 1 Punkt weniger.

Machen Sie nun selbst weiter:

a b c d e

1 

a b c d e

2 

a b c d e

3 

a b c d e

4 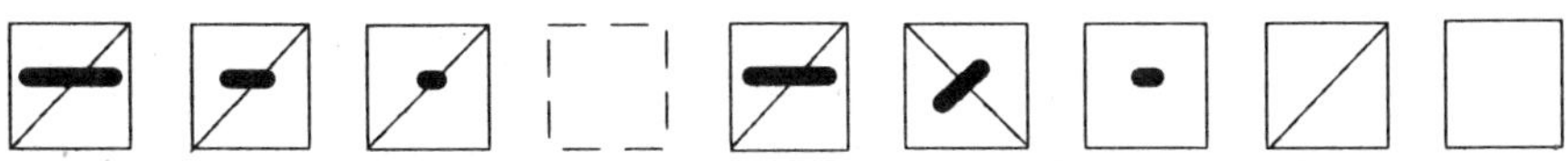

Wissen Sie schon, was Sie als nächstes tun werden?
Schreiben Sie es bitte hierher:

....

Schauen Sie die Buchstaben in dem folgenden Kästchen durch. Immer, wenn Sie KLBQ sehen, unterstreichen Sie es bitte.

Beispiel: EVIRQKLBQLKOFRGFGHLJKHFHKLBQTNCY

Arbeiten Sie bitte rasch!

GHJTOKLBQRSKTFVIORVITUEOCVBHUROCIHSAB
FDKTVPIKLBQITGRLTPUKLBQOREIDFKTVMRKLBQ
IDFCMVCÜKTVVCKLBQÜPOVGÜCEVTCTEDG
HKLBQKTVPRCXIEÜCERKLBQOQROMFOIRMOKLA
QIFKLBQSKLBQSTUKSTVHJWKLBQZHJRSFH
HDFOTRJKFPRKSOKSDKLBQKTVGHOMWL
KBQGRBCSTKLBQDHWKLBQSKLBQTOPXAASF
JKLUVGGPTHLJKLBQRGFKKTKLBQVLNBMC
VDBQBFGHKLMKLBQTVFKUPQKLDEITKLBKLBQ
TVKJFKLBQTVKLBQSDFKLAGJLRTSORAHDK
GLBDKLBQKLBQSBAFKLKLBQRSTZQKLBQRAKLI
IDFOKTMVCÜKTVVCKLBQÜBQLPOVGÜCEKLVTCTEDG

Schreiben Sie diese Zahl hierher -> ....

Wenn Sie sich um ein oder zwei verzählt haben, ist es nicht so schlimm. Haben Sie sich öfter verzählt, sollten Sie darauf achten, daß Sie etwas sorgfältiger sind. Lieber dann nicht so schnell sein.

Bitte Datum eintragen, damit Sie später noch wissen, wann Sie geübt hatten:

✪ Heutiges Datum ....

Stellen Sie sich das Wort

WIESENGRUND

im Kopf vor.

Welche Wörter kann man daraus bilden? Beispiele sind:

WIESE
EIS

Wissen Sie noch fünf weitere Wörter?

Schreiben Sie sie bitte hierher:

....

....

....

....

....

Jetzt haben Sie Ihr Gehirn trainiert. Wenden Sie sich nun wieder Ihrem Alltag zu. Wissen Sie schon, was Sie als nächstes tun werden?

Schreiben Sie es bitte hierher:

....

Gehen Sie die nachfolgenden Ziffernspalten von oben nach unten durch und prüfen Sie, ob drei gleiche Ziffern nebeneinander stehen. Wenn Sie drei gleiche gefunden haben, streichen Sie diese bitte durch.

Beispiel: ~~333~~
937
323
~~444~~

Sobald Sie die erste Spalte bearbeitet haben, nehmen Sie sich die zweite rechts daneben vor und so weiter. Bitte rasch arbeiten!

Spalte

1	2	3	4	5
974	**777**	**603**	**073**	**310**
920	**787**	**333**	**111**	**545**
777	**978**	**555**	**606**	**444**
317	**838**	**605**	**212**	**146**
222	**555**	**777**	**666**	**550**
685	**736**	**001**	**606**	**888**
131	**935**	**333**	**545**	**234**
033	**868**	**976**	**091**	**859**
888	**666**	**555**	**000**	**000**
464	**878**	**096**	**555**	**565**
852	**343**	**333**	**444**	**550**
222	**333**	**213**	**679**	**333**
888	**666**	**343**	**989**	**617**

Zählen Sie nun zusammen, wieviele Sie durchgestrichen haben.

Schreiben Sie diese Zahl hierher -> ....

✪ Heutiges Datum ....

Wieviele Kreise enthält die folgende Figur? Durch Wahrnehmungstäuschungen können sie wie Ellipsen aussehen. Es sind aber Kreise.

Es sind .... Kreise.

Jetzt haben Sie Ihr Gehirn trainiert.

Wenden Sie sich nun wieder Ihrem Alltag zu. Wissen Sie schon, was Sie als nächstes tun werden?

Schreiben Sie es bitte hierher:

....

Gehen Sie die nachfolgenden Buchstabenspalten von oben nach unten durch und prüfen Sie, ob drei gleiche Buchstaben nebeneinander stehen. Wenn Sie drei gleiche gefunden haben, streichen Sie diese bitte durch.

Beispiel: ~~KKK~~
DDE
~~EEE~~
NAR

Sobald Sie die erste Spalte bearbeitet haben, nehmen Sie sich die zweite rechts daneben vor und so weiter. Bitte rasch arbeiten!

Spalte

1	2	3	4	5
PTM	DDD	LOL	SSS	ISP
YHR	MAM	AAA	FGP	ALA
TTT	ENW	LUU	PUP	KKK
XKQ	TUL	JAG	LLP	DPP
PAK	HHH	ZZZ	EEE	HHH
NNN	MLL	ALQ	PLS	PEP
DAA	KRD	XUZ	JEJ	LAF
MOX	DDD	PPP	FFF	LLL
LOP	PXK	LZP	KKE	VSV
KKK	OZU	LUK	WKK	ZET
NND	JJK	SSS	ZUZ	RRR
ESE	RRR	JPW	AAA	VBL
LEN	DOR	KKK	SSG	BJB
EEE	HHH	KED	HHH	DDD
ZUZ	PKS	LUL	TET	SYS

Zählen Sie nun zusammen, wieviele Sie durchgestrichen haben.

Schreiben Sie diese Zahl hierher -> ....

❂ Heutiges Datum ....

Verbinden Sie in dem folgenden Feld die Buchstaben miteinander. Ziehen Sie einen Strich vom **A** zum **B**, dann zum **C**, danach zum **D** und so weiter. Am Schluß landen Sie beim **Z**.

Die verbindenden Striche müssen nicht immer ganz gerade sein.

A N

O B

C E Z

M D Y

F I

P G H

T U X

S J

K L V W

Q R

Jetzt haben Sie Ihr Gehirn trainiert.

Wenden Sie sich nun wieder Ihrem Alltag zu. Wissen Sie schon, was Sie als nächstes tun werden?

Schreiben Sie es bitte hierher:

....

Unter den folgenden Kombinationen von Buchstaben und Ziffern stehen auch diese Gruppen:

K7A oder **9D3** oder **FE6**

Wenn Sie eine davon finden, unterstreichen Sie sie immer. Prüfen Sie dies erst für die erste Spalte, dann die zweite und so weiter.

Spalte 1	2	3	4	5	6	7
162	9D3	7Z5	9D3	Q8R	33W	9D3
4N4	D30	HHH	303	FE6	FE6	720
K7A	G34	FE6	263	DFH	944	D79
23D	DG4	3G7	DDD	3GD	K7A	6G3
4G5	973	47D	K7A	BM4	317	K7A
06V	4N9	FE6	4NV	595	VNN	345
514	K7A	44G	FE6	K7A	2VH	FHC
9D3	096	4VB	GF7	94H	4FH	H42
4FH	GJJ	K7A	225	AFS	9D3	326
1FF	S14	344	9D3	SGR	RGS	9D3
6FS	FE6	k7A	0HB	CX9	1CV	597
FE6	9RT	3U5	T72	234	4HJ	GJT
518	4TR	ZZ2	9D3	7T1	IZ3	FE6

....

Zusammenzählen, wieviele Zahlen pro Spalte unterstrichen wurden.

Bitte Datum eintragen, damit Sie später noch wissen, wann Sie geübt hatten.

Heutiges Datum ....

Stellen Sie sich das Wort

MILCHKANNE

im Kopf vor.

Welche Wörter kann man daraus bilden? Beispiele sind:

MILCH
MALEN

Wissen Sie noch fünf weitere Wörter?

Schreiben Sie sie bitte hierher:

....

....

....

....

....

Jetzt haben Sie Ihr Gehirn trainiert. Wenden Sie sich nun wieder Ihrem Alltag zu. Wissen Sie schon, was Sie als nächstes tun werden?

Schreiben Sie es bitte hierher:

....

Behalten Sie bei der folgenden Aufgabe die links stehenden Zeichen im Kopf und vergleichen Sie immer die rechts stehenden Zeichengruppen, ob sie gleich sind.

Beispiel: **4gk2** 4vkn vgk2 4gk2 k24g 4gk2 igk2

Unterstreichen Sie rechts die richtige Kombination. Es können auch mehr als eine vorkommen, dann alle unterstreichen. Beim obigen Beispiel wäre richtig gewesen:

4gk2 4vkn vgk2 <u>4gk2</u> k24g <u>4gk2</u> igk2

A)	**y85a**	**ygha y85a w85a y8gj y85a y85a yopa yh8a y85a**
B)	**ap7g**	**ap7g aakg afyg op7g ap7g ai7g appg ap7g cp7g**
C)	**pkc6**	**pkcg ppc6 pkc6 psc6 pkc6 pkcc pkc6 ppc6 kkc6**
D)	**18rnk**	**18rrk 18rnk 18rnk 18rkk 18rnk 18nk 18rnk rkn18**
E)	**8d3c**	**8d3c 8o3c 8d3t 8d3c 8eck 8d3c 8dmc 8d3c of3c**
F)	**5ky2**	**5yk1 25ky 5ky2 53y6 5ky2 5kg6 5ky2 y3k3 35k1**

Bitte Datum eintragen, damit Sie später noch wissen, wann Sie geübt hatten:

✪ Heutiges Datum ....

Wieviele Kreise enthält die folgende Figur?

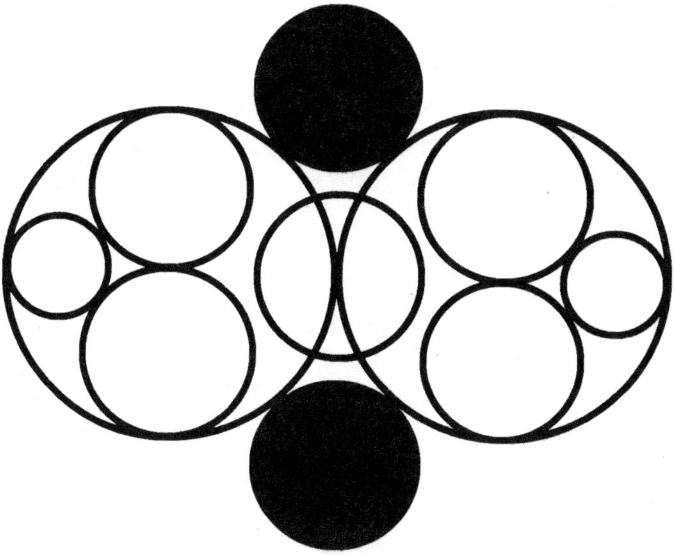

Es sind .... Kreise.

Jetzt haben Sie Ihr Gehirn trainiert.

Wenden Sie sich nun wieder Ihrem Alltag zu. Wissen Sie schon, was Sie als nächstes tun werden?

Schreiben Sie es bitte hierher:

....

Unterstreichen Sie bitte die Buchstaben **ZD**

Beispiel: RLHZORQZDGFHWZZDFHXCBMFGAWEZDFHJ

Arbeiten Sie bitte rasch!

ZDLPOKWQHWIURZASRPOZPUZDPFJSHZDFIGKÖZUKL
ZDIOPURFJRFSGWTFAZAXZDJGKHHLEZDTÄÖS
XVBMZDKPÄGPRJUWHQSZDJFKSAAKFMGLKTOE
FOWZDWPGPONEISUZDWKEGBZDTHKBRSIZDOBGK
TEHKOZKHOJRSZDWJZDOVZKQKOJSRWCZDOJT
GOVZDJSGFOIEPZDJKZTGOREJGIKTSUJPFKZDOIRGTE
WZDFJGKSZDBNPVLKFZDPUGKLMJZDOSBKZD
PIGJTZPHGCFKWISZDUFZEWETUUITRGREDRJGK
PCFZDKJSGIVKJZDPOZDFGSKPZWEZDSXVNKKH
ZOZDSZDPÖLKMHYXZDERIUTRSFHKLÖNZDGTEGQ
JTGSZDZUIOPRQRGKZDDFGSKPZWEZDSXVNKKH
ZOZDZDPÖLKMHQAYLZDERIUTRSFHKLÖNZDGTEGQES

Zählen Sie nun zusammen, wie oft ZD vorkam.

Schreiben Sie diese Zahl hierher -> ....

Wenn Sie sich um ein oder zwei verzählt haben, ist es nicht so schlimm. Haben Sie sich öfter verzählt, sollten Sie darauf achten, daß Sie etwas sorgfältiger sind. Lieber dann nicht so schnell sein.

Bitte Datum eintragen, damit Sie später noch wissen, wann Sie geübt hatten:

✪ Heutiges Datum ....

Welche zwei Buchstaben fehlen im folgenden Text?

Es sind die Buchstaben .... und ....

Tragen Sie diese Buchstaben in den folgenden Text ein.

Um sich geistig fit zu h.lten, ist es wichtig, täglich Pro.leme zu lösen. Diese Pro.leme können künstlich sein, wie Gehirn-Jogging. Sie können .uch .ufg..en und geistige .etätigungen im .llt.g sein: einen längst fälligen .rief schrei.en, ein Telefongespräch führen, etw.s lernen, sich einen Pl.n für den T.g m.chen, eine Ver..redung mit netten .lten .ek.nnten treffen, einen dringenden G.ng zur .ehörde erledigen, diverse .esorgungen oder Eink.ufspläne m.chen, und vieles .ndere mehr

Jetzt haben Sie Ihr Gehirn trainiert. Wenden Sie sich nun wieder Ihrem Alltag zu. Wissen Sie schon, was Sie als nächstes tun werden?

Schreiben Sie es bitte hierher:

....

Setzen Sie diese Reihen fort:

A)	**9 8 7 6 5 4 3 2**	....
B)	**20 18 16 14 12 10**	....
C)	**26 23 20 17 14 11**	....
D)	**5 9 13 17 21 25 29**	....
E)	**1 2 4 8 16 32 64**	....
F)	**800 400 200 100 50**	....
G)	**oooo+ ooo+o oo+oo o+ooo**	....
H)	**oooo+- ooo+o- oo+oo- o+ooo-**	....
I)	**20 21 23 26 30 35 41 48**	....
J)	**15 13 11 9 7 5 3**	....

Bitte Datum eintragen, damit Sie später noch wissen, wann Sie geübt hatten:

✪ Heutiges Datum ....

Wieviele Kreise enthält die folgende Figur?

Es sind .... Kreise.

Jetzt haben Sie Ihr Gehirn trainiert.

Wenden Sie sich nun wieder Ihrem Alltag zu. Wissen Sie schon, was Sie als nächstes tun werden?

Schreiben Sie es bitte hierher:

....

Gehen Sie die nachfolgenden Buchstabenspalten von oben nach unten durch und prüfen Sie, ob drei gleiche Buchstaben wie ein Winkel mit der Spitze nach oben beieinander stehen. Wenn Sie drei gleiche gefunden haben, streichen Sie diese bitte durch.

Beispiel: LKD
KDK
ELP
WSE

Sobald Sie die erste Spalte bearbeitet haben, nehmen Sie sich die zweite rechts daneben vor und so weiter.
Bitte rasch arbeiten!

Spalte 1	2	3	4	5
ZTE	**LNK**	**AKL**	**PLO**	**APA**
TOT	**KDR**	**XOS**	**KJK**	**PLP**
PSP	**DUD**	**OLO**	**JWJ**	**LAQ**
OKO	**QWK**	**KKP**	**KKE**	**SZS**
KWK	**OCX**	**VRV**	**WKI**	**ZOZ**
NND	**CUC**	**RFR**	**ZKM**	**TFW**
RCR	**RTR**	**JPK**	**KOK**	**VCI**
CDC	**DOO**	**WLS**	**LGS**	**BNK**
WEI	**YTY**	**LAD**	**HWL**	**NGN**
TGK	**TWT**	**ADA**	**PWS**	**IXP**
GIG	**NPN**	**OMV**	**CYG**	**XEX**
SDF	**LAL**	**WAL**	**YGY**	**ZFZ**
EAE	**ERG**	**CGC**	**QHQ**	**KZK**
ASA	**RHR**	**GFG**	**PQR**	**DKD**

Zählen Sie nun zusammen, wieviele Sie durchgestrichen haben.

Schreiben Sie diese Zahl hierher -> ....

✪ Heutiges Datum ....

Stellen Sie sich das Wort

BLUMENSTOCK

im Kopf vor.

Welche Wörter kann man daraus bilden? Beispiele sind:

BLUME
BLOCK

Wissen Sie noch fünf weitere Wörter?

Schreiben Sie sie bitte hierher:

....

....

....

....

....

Jetzt haben Sie Ihr Gehirn trainiert. Wenden Sie sich nun wieder Ihrem Alltag zu. Wissen Sie schon, was Sie als nächstes tun werden?

Schreiben Sie es bitte hierher:

....

In den ersten drei Kästchen befinden sich Figuren. Sie verändern sich von links nach rechts. Welche Figur gehört in das vierte (gestrichelte) Kästchen? Wählen Sie das passende unter den ganz rechts stehenden aus.

a b c d e

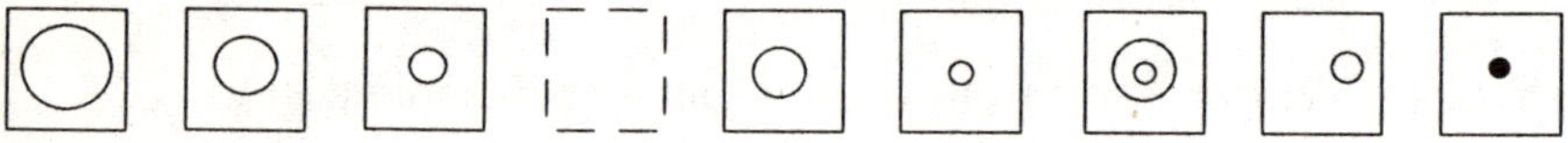

Beispiel: richtig ist b, der Kreis wird immer kleiner.

Machen Sie nun selbst weiter:

a b c d e

1 

a b c d e

2 

a b c d e

3 

a b c d e

4 

Heutiges Datum ....

In dem folgenden Text werden zwei Buchstaben nicht richtig wiedergegeben. Welche sind das?

Es sind die Buchstaben .... und ....

Schreiben Sie die Buchstaben über die falschen Textstellen.

Zum Tra.n.n+ des +eh.rnes sollte man Auf+aben bewält.+en oder Probleme lösen. S.e können aus Tra.n.n+spro+rammen w.e dem MAT-+eh.rn-Jo++.n+ stammen. S.e können aber auch dem Allta+, dem Beruf und der Fre.ze.t entnommen se.n. Wenn S.e be.sp.elswe.se Schachsp.elen, haben S.e e.n hervorra+endes Tra.n.n+ .hrer +rauen Zellen. Denkauf+aben, Lo+.ksp.ele oder das Lösen von Rechenauf+aben s.nd ebenfalls +ee.+nete Maßnahmen. Haben S.e schon mal m.t +eJoCard oder +eJoLetra tra.n.ert?

Jetzt haben Sie Ihr Gehirn trainiert. Wenden Sie sich nun wieder Ihrem Alltag zu. Wissen Sie schon, was Sie als nächstes tun werden?

Schreiben Sie es bitte hierher:

....

Gehen Sie die nachfolgenden Buchstabenspalten von oben nach unten durch und prüfen Sie, ob drei gleiche Buchstaben wie ein Winkel mit der Spitze nach unten beieinander stehen. Wenn Sie drei gleiche gefunden haben, streichen Sie diese bitte durch.

Beispiel: DOF
KDK
EKP
KLM

Sobald Sie die erste Spalte bearbeitet haben, nehmen Sie sich die zweite rechts daneben vor und so weiter. Bitte rasch arbeiten!

Spalte

1	2	3	4	5
LPK	GDD	LQI	SGV	SCG
ADF	NAN	WAI	CSG	ZFZ
FAF	ENX	CGC	QHQ	KZK
MFK	WIL	JCG	PQL	DPD
CXV	NPN	OMV	CYG	XKE
ZNN	LNW	AQQ	PLC	PAP
GAG	KDR	XDI	SJS	KPF
PGP	LWX	HAE	OSD	LAQ
OPO	QWK	KKP	KKE	KIK
QWK	OCX	VRV	WKI	FKJ
NND	JIJ	WVR	AKA	TFW
KIK	RJK	JPK	SAO	VCI
LKL	DOO	WLW	LGD	BNB
WEI	STS	LWD	HWL	XBL

Zählen Sie nun zusammen, wieviele Sie durchgestrichen haben.

Schreiben Sie diese Zahl hierher -> ....

Heutiges Datum ....

Wie auf einem Schachbrett gibt es nachfolgend Felder, die durch die außenstehenden Buchstaben und Ziffern gekennzeichnet sind. Hinter A und unter 1 befindet sich das Zeichen +, prüfen Sie es.

Also A1 = +
A2 = ?
Setzen Sie es ein. Es ist o
A3 = k und B1 = h

und so weiter. Wenn Sie es verstanden haben, setzen Sie bitte die Zeichen der folgenden Felder ein.

D5 = , D1 = , B1 = , B3 = , A5 = , B5 = , D2 = ,

E4 = , A2 = , C3 = , C3 = , B3 = , B5 = , C3 =

Wenn Sie alles richtig eingesetzt haben, ergibt sich ein Wort. Welches ist es?

	1	2	3	4	5
A	**+**	**o**	**k**	**s**	**r**
B	**h**	**l**	**i**	**v**	**n**
C	**>**	°	**g**	*	**<**
D	**e**	**-**	**j**	**:**	**G**
E	**p**	**b**	**c**	**J**	**/**

Wissen Sie schon, was Sie als nächstes tun werden? Schreiben Sie es bitte hierher:

....

Gehen Sie die nachfolgenden Spalten von oben nach unten durch und prüfen Sie, ob drei gleiche Zeichen nebeneinander stehen. Wenn Sie drei gleiche gefunden haben, streichen Sie diese bitte durch.

Beispiel: 3C3
~~LLL~~
W23
~~444~~

Sobald Sie die erste Spalte bearbeitet haben, nehmen Sie sich die zweite rechts daneben vor und so weiter. Bitte rasch arbeiten!

Spalte

1	2	3	4	5
DG7	7B8	C03	0G3	3KM
H20	Z87	H33	111	555
777	978	555	60J	44H
3G7	JJJ	TTT	2GF	L46
22L	5K5	77P	666	555
6K5	736	000	60Z	8R8
1M1	S35	SA3	5KL	222
033	8K8	U76	09S	F59
888	6R6	555	000	000
FDR	878	KJL	5R5	JJJ
8S2	333	555	SSS	555
222	R33	2L3	P79	3A3
EEE	66F	S43	999	NNN

Zählen Sie nun zusammen, wieviele Sie durchgestrichen haben.

Schreiben Sie diese Zahl hierher -> ....

❂ Heutiges Datum ....

Verbinden Sie in dem folgenden Feld die Buchstaben miteinander. Ziehen Sie einen Strich vom **A** zum B, dann von hier zum C, danach zum D und so weiter.
Am Schluß landen Sie bei **Z**. Lassen Sie sich von den Zahlen, die zwischendrin stehen, nicht stören. Ziehen Sie notfalls auch Ihre Striche darüber hinweg.

Die verbindenden Striche müssen nicht immer ganz gerade sein.

A 5 N 3 2 3

O 9 B

9 C 4 E 1 Z

2 7 M D 1 Y 99

5 F 8 I 1 P

G H 2 4 T U

2 X 4 6 2 S J 18

K L V 5 W Q 7

R 4 2 8 8

Jetzt haben Sie Ihr Gehirn trainiert. Wenden Sie sich nun wieder Ihrem Alltag zu. Wissen Sie schon, was Sie als nächstes tun werden?

Schreiben Sie es bitte hierher:

....

Gehen Sie die nachfolgenden Buchstabenspalten von oben nach unten durch und prüfen Sie, ob drei gleiche Buchstaben schräg untereinander stehen. Wenn Sie drei gleiche gefunden haben, streichen Sie diese bitte durch.

Beispiel:

DKR
LDM
ERD
WEL

Sobald Sie die erste Spalte bearbeitet haben, nehmen Sie sich die zweite rechts daneben vor und so weiter. Bitte rasch arbeiten!

Spalte

1	2	3	4	5
WDR	**RUD**	**PRD**	**LWS**	**ZRP**
UWL	**KMM**	**WAI**	**CQG**	**KLZ**
ZUW	**EKX**	**LUA**	**BDQ**	**KTK**
QXU	**WQK**	**ÖLG**	**PBL**	**PPD**
CQG	**NWN**	**OML**	**CYB**	**XPE**
ZNQ	**LMW**	**AQQ**	**PLK**	**SAP**
DAR	**KLR**	**AZK**	**FTO**	**KSF**
RDX	**LWL**	**AAS**	**OJD**	**VAS**
OOD	**QWK**	**KCA**	**KOJ**	**AVJ**
QOK	**OQA**	**GRG**	**WKO**	**TZV**
NNO	**YIQ**	**WGK**	**ZRK**	**ZTW**
HTE	**RYR**	**JPG**	**AGO**	**VTH**
LOL	**DOY**	**KOW**	**TAS**	**LJK**
WLO	**PDH**	**LFD**	**HTA**	**XLB**
POL	**EKD**	**XLF**	**QAT**	**DOL**

Zählen Sie nun zusammen, wieviele Sie durchgestrichen haben.

Schreiben Sie diese Zahl hierher -> ....

Heutiges Datum ....

Stellen Sie sich das Wort

MONDSCHEIN

im Kopf vor.

Welche Wörter kann man daraus bilden? Beispiele sind:

MOND
SONNE

Wissen Sie noch fünf weitere Wörter?

Schreiben Sie sie bitte hierher:

....

....

....

....

....

Jetzt haben Sie Ihr Gehirn trainiert. Wenden Sie sich nun wieder Ihrem Alltag zu. Wissen Sie schon, was Sie als nächstes tun werden?

Schreiben Sie es bitte hierher:

....

In den ersten drei Kästchen befinden sich Figuren. Sie verändern sich von links nach rechts. Welche Figur gehört in das vierte (gestrichelte) Kästchen? Wählen Sie das passende unter den ganz rechts stehenden aus.

a b c d e

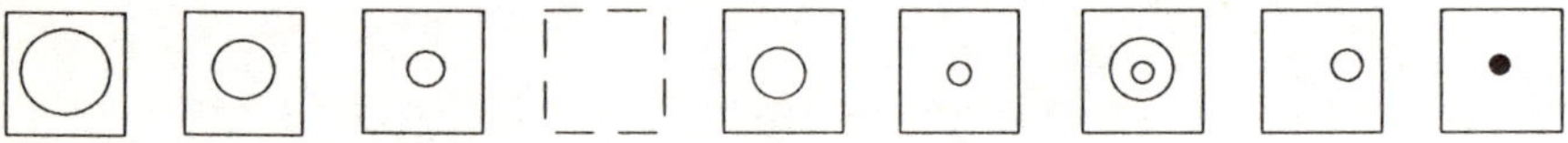

Beispiel: richtig ist b, der Kreis wird immer kleiner.

Machen Sie nun selbst weiter:

a b c d e

1 

a b c d e

2 

a b c d e

3 

a b c d e

4 

Heutiges Datum ....

Behalten Sie bei der folgenden Aufgabe die links stehenden Ziffern im Kopf und vergleichen Sie immer die rechts stehenden Blöcke, ob sie gleich sind.

Beispiel: **2786** 3582 2786 2786 8641 2786 7186

Unterstreichen Sie rechts die richtige Kombination. Es können auch mehr als eine vorkommen, dann alle unterstreichen. Beim obigen Beispiel wäre richtig gewesen:

2786 3582 2786 2786 8641 2786 7186

A) **5026 5296 5026 9026 5025 5026 5026 4626 5906 5106 5026**

B) **1756 1756 1296 1416 1756 1756 1456 1776 1666 1756 7756**

C) **25417 252517 25417 25117 25619 25417 25411 25417**

D) **48743 487873 48743 48743 38743 48733 48743 4243 48743**

E) **3049 3049 3049 3047 3000 3049 329I 2049 3059 3049 9249**

F) **8312 8061 8536 5312 8366 8312 8306 8312 8372 3521**

Jetzt haben Sie Ihr Gehirn trainiert. Wenden Sie sich nun wieder Ihrem Alltag zu. Wissen Sie schon, was Sie als nächstes tun werden?

Schreiben Sie es bitte hierher:

....

In dem folgenden Text werden zwei Buchstaben nicht richtig wiedergegeben. Welche sind das?

Es sind die Buchstaben .... und ....

Da. Gehi*n muß man täglich t*ainie*en, auch am Wochenende. .on.t ve*kümme*t e. wie ein ungeb*auchte* Mu.kel. Nach einem e*hol.amen U*laub ge*aten .ie *elativ .chnell gei.tig au. dem T*itt. .ie we*den bei A*beit.beginn .chwie*igkeiten haben. Bleiben .ie nicht nu* in de* .onne liegen zum B*äunen. .eien .ie .owohl kö*pe*lich als auch gei*tig aktiv. Bewegen .ie Ih*en Kö*pe* und t*ainie*en .ie abe* auch Ih* Gehi*n. Nach einem U*laub ohne Jogging fü* Kö*pe* und Gei.t we*den Ihnen Ih*e täglichen Aufgaben und Ve*pflichtungen viel .chwe*e* fallen.

Schreiben Sie nun die Buchstaben über die falschen Textstellen.

Bitte Datum eintragen, damit Sie später noch wissen, wann Sie geübt hatten:

✪ Heutiges Datum ....

Wie auf einem Schachbrett gibt es nachfolgend Felder, die durch die außenstehenden Buchstaben und Ziffern gekennzeichnet sind. Hinter A und unter 1 befindet sich das Zeichen +, prüfen Sie es.

Also A1 = +
A2 = ?
Setzen Sie es ein. Es ist o
A3 = k und B1 = h

und so weiter. Wenn Sie es verstanden haben, setzen Sie bitte die Zeichen der folgenden Felder ein.

C2 = , C5 = , A5 = , B2 = , B3 = , D5 = , B1 =

C1 = , E2 = , D1 = , B5 = .

Wenn Sie alles richtig eingesetzt haben, ergibt sich ein Hinweis.Welcher ist es?

	1	2	3	4	5
A	**+**	**o**	**k**	**s**	**g**
B	**h**	**l**	**i**	**v**	**n**
C	**ü**	**T**	**g**	*****	**ä**
D	**e**	**-**	**j**	**b**	**c**
E	**p**	**b**	**c**	**J**	**ü**

Wissen Sie schon, was Sie als nächstes tun werden? Schreiben Sie es bitte hierher:

....

Immer, wenn Sie **C5** sehen, unterstreichen Sie es bitte.

Beispiel: RLHRQC5C5HKÖC5FHXCTIBMAWDC5FHJ

Arbeiten Sie bitte rasch!

WQ8LP2KC5QHIURPOZP46PFJ7HDC5IGK5ZUKL25O
PUJRC57GWTAXDJGHHLE6T897XVBM6P3C5PRJU
WHQ74JFK7AAKC5MGLTOEFOW43PGPONEI7UQ
WEC5B1THKBR7I9OB0KOZKHJR7IWJZ34ZC5K
QOJ7RWC4OJ3C5OV557C5OIEPOJKZTGGOR53GIT
7UJPFKDO35FC5JG7BNPVLKFDPUC5J5O7BKDPI
GJTZPHGCFKWI7DUFZJC5PCFOKJ7C5RIVJQPODF
G7KPZWEQ7XVNKKHC5ZOO7251LKMHQAYC5XD
ERIUTR7FHKL5NC5TREG7RWC4OJ3C5OV557C5OI
EPOJKZTGGOR53GIT7UJPFKDO35FC5JG7MBNPVLK
FDPUC5J5O7BKDPIGJTZPHGCFKWI7DUFZJC5PC
FOKJ7C5RIVJQPODFG7KPZWEQ7XVNKKHC5ZO725
1LKMHAYC5XERIUSKC5KL6OPTR7FHKL5NMC5C5TREG7

Zählen Sie nun zusammen, wie oft C5 vorkam.

Schreiben Sie diese Zahl hierher -> ....

Haben Sie sich öfter als 2 mal verzählt, sollten Sie darauf achten, daß Sie etwas sorgfältiger sind. Lieber dann nicht so schnell sein.

Bitte Datum eintragen, damit Sie später noch wissen, wann Sie geübt hatten:

Heutiges Datum ....

Stellen Sie sich das Wort

SONNENSTRAHLEN

im Kopf vor.

Welche Wörter kann man daraus bilden? Beispiele sind:

SONNE
STRAHL

Wissen Sie noch fünf weitere Wörter?

Schreiben Sie sie bitte hierher:

....

....

....

....

....

Jetzt haben Sie Ihr Gehirn trainiert. Wenden Sie sich nun wieder Ihrem Alltag zu. Wissen Sie schon, was Sie als nächstes tun werden?

Schreiben Sie es bitte hierher:

....

Im nachfolgenden Buchstabenfeld steht mehrmals das Wort HASE. Unterstreichen Sie alle versteckten Hasen! Es gelten nur die vorwärts geschriebenen.

Arbeiten Sie bitte rasch.

KSRTHASETRSHATHASESRESERWHSHASEKLERHTS
HASELTRAKUEASHEGREHASELERKTSZUIHASE
MERTHCFHASELTHKJTREHASELOKSTMNBERHASEBH
RTCVBHASELKDHKUZBFGHSTREHASEZTUIHASEESA
HUSWERHASEÖLKHUZNMBHASESAHESTUTZEAUUHASE
LKHSAREFGHSTREHASEZTUIHASEESAHUSWERHASE
ÖLKHUZNMBHASESAHESTUTZEAUUAHASEJASKTRE
PFGHSLKJHERSAFGHSTREHASEZTUIHASEESAHUS
WERHASEÖLKHUZNMBHASESAHESTUTZEAUUAHASE
SELAHESTERFGHSTREHASEZTUIHASEESAHUSWERHU
SEÖLKHUZNMBHASESAHESTUTZEAUUAHASEPOTELA
HESFGHSTREHASEZTUIHASEESAHUSWERHASEÖL
KHUZNMBHASESAHESTUTZEAUUAHASEÖLMNAHSET
FGHSTREHASEZTUIHASEESAHUSWERHASEÖLK
HUZNMBHASESAHESTUTZEAUUAHASEOILZTERFGH
STREHASEZTUIHASEESAHUSWERHASEÖLKHUZNMBN
ASESAHESTUTZEAUUAHASEPLOSETAHEFGHSTRE HA-
SEZTASUIHASEESAHUSWERHASEÖLKHUZNMBHASE
SAHESTUTZEAUUAHASELKERIXSHESFGHSTREHASEZT
UIHASEESAHUSWERHASEÖLHAKHUZNMBHASESAHES

Notieren Sie, wieviele Hasen Sie gefunden haben? -> ....

Bitte Datum eintragen, damit Sie später noch wissen, wann Sie geübt hatten:

Heutiges Datum ....

Wieviele Kreise enthält die folgende Figur?

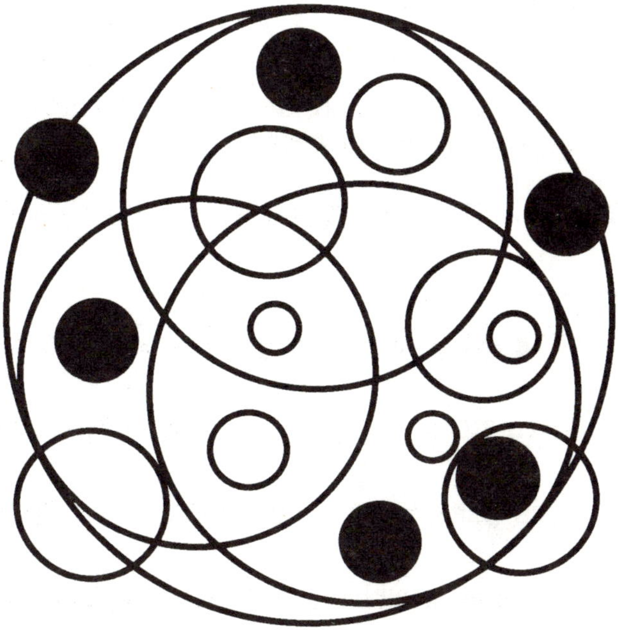

Es sind .... Kreise.

Jetzt haben Sie Ihr Gehirn trainiert.

Wenden Sie sich nun wieder Ihrem Alltag zu. Wissen Sie schon, was Sie als nächstes tun werden? Schreiben Sie es bitte hierher:

....

Behalten Sie bei der folgenden Aufgabe die links stehenden Zeichen im Kopf und vergleichen Sie immer die rechts stehenden Zeichengruppen, ob sie gleich sind.

Beispiel: **$%k2** %$kn v$k2 $%k2 k%4g $%k2 i%$2

Unterstreichen Sie rechts die richtige Kombination. Es können auch mehr als eine vorkommen, dann alle unterstreichen. Beim obigen Beispiel wäre richtig gewesen:

$%k2 %$kn v$k2 $%k2 k%4g $%k2 i%$2

A) **a&!g a&7g a&!g a!&g a&!g ai7g a&!g a&7g a&!g**

B) **?K7g ?p7g ?K7g ?K7g op7g ?K7g ?K7g ?p7g ?K7g**

C) **p58$ p5$6 p58$ p58$ p68$ p58$ p58$ 5p8$ p58$**

D) **N)/8 N87k N)/8)N8k N)/8 8/)N N)/8 8/)N N)/8 N)/8**

E) **ß?Yc 8ß?c ß?Yc ß?Yc ß4Yc ß?Yc 8?Yc ?ßcY Yß?c**

F) **<%Ü5 <%Ü5 <%L5 <Ü%5 >%ü5 <%Ü5 <Ü%5 <%5Ü**

Bitte Datum eintragen, damit Sie später noch wissen, wann Sie geübt hatten:

Heutiges Datum ....

In den ersten drei Kästchen befinden sich Figuren. Sie verändern sich von links nach rechts. Welche Figur gehört in das vierte (gestrichelte) Kästchen? Wählen Sie das passende unter den ganz rechts stehenden aus.

a b c d e

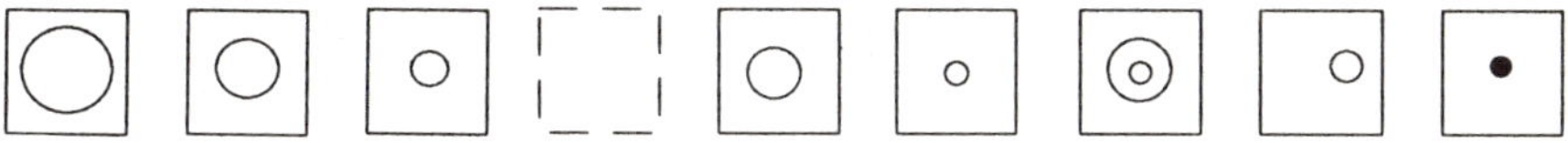

Beispiel: richtig ist b, der Kreis wird immer kleiner.

Machen Sie nun selbst weiter:

a b c d e

1 

a b c d e

2 

a b c d e

3 

a b c d e

4 

Wenden Sie sich nun wieder Ihrem Alltag zu. Wissen Sie schon, was Sie als nächstes tun werden? Schreiben Sie es bitte hierher:

....

Welche zwei Buchstaben fehlen im folgenden Text?

Es sind die Buchstaben .... und ....

Schreiben Sie nun die Buchstaben über die falschen Textstellen.

Di+ G+hir<-Joggi<g Übu<g+< w+rd+< machmal als zu +i<fach od+r zu l+icht b+tracht+t. Ma< h+gt Zw+if+l dara<, ob di+s+ Übu<g+< i< d+r Tat wirksam si<d. G+hir<-Joggi<g soll auf k+i<+< Fall +i< Hoch-l+istu<gstrai<i<g s+i<. Mit d+< richtig+< Übu<g+< wird Ihr G+ist <icht üb+ranstr+<gt. Si+ trai<i+r+n +lastizität u<d R+aktivität. G+hir<-Joggi<g +rhöht Ihr S+lbstv+rtrau+< u<d st+ig+rt Ihr+< L+istu<gswill+<. Darüb+rhi<aus ka<< +s auch +<tspa<<+<d wirk+<.

Bitte Datum eintragen, damit Sie später noch wissen, wann Sie geübt hatten:

Heutiges Datum ....

Stellen Sie sich das Wort

ROSENSTRAUCH

im Kopf vor.

Welche Wörter kann man daraus bilden? Beispiele sind:

ROSE
SENSOR

Wissen Sie noch fünf weitere Wörter?

Schreiben Sie sie bitte hierher:

....

....

....

....

....

Jetzt haben Sie Ihr Gehirn trainiert. Wenden Sie sich nun wieder Ihrem Alltag zu. Wissen Sie schon, was Sie als nächstes tun werden?

Schreiben Sie es bitte hierher:

....

Immer, wenn Sie **K29** sehen, unterstreichen Sie es bitte

Beispiel: HRQK29GFK29MXCQEQWAWDK29GFWBK

Arbeiten Sie bitte rasch!

WK29P2KC5K29URPOZP46K297HDC5IK29ZUKL25O
PUJRC57K29AXDJK29HLE6T8K29VBM6P3CK29JU
WHQ74JFK2AAKC5K29LTOEFOW43PK29NEI7UQ
K295B1THKBR7I9OB0KOZKHK29IWJZ34ZC5K
QOJ7RWCK293C5OV5K295OIEPOJKZTGGOR5K29
7UJPFKDK29FC5JG7BNPVLK29PUC5J5K29KDPI
GJTK29GCFKWI7K29ZJC5PCFOKJ7K29IVJQPODF
G7KPZWEK29VNKKHCK29O7K29LKMHQAYC5XD
K29UTR7FHKL5NK29REG7RWC4OJ3C5OV55K29OI
EPOJKZTK29R53GITK29PFKDO35K29JG7MBNPVLK
FDPK29J5O7BKDPIGJTZPK29FKWI7K29ZJC5PC
F29J7C5RIVJQK29FG7KPZWEQ7XK29KHC5ZO725
1K29HAYCK29RIESKC5KL6OPTK29HKL5NMC5C5K29G7

Zählen Sie nun zusammen, wie oft K29 vorkam.

Schreiben Sie diese Zahl hierher -> ....

Haben Sie sich öfter als 2 mal verzählt, sollten Sie darauf achten, daß Sie etwas sorgfältiger sind. Lieber dann nicht so schnell sein.

Bitte Datum eintragen, damit Sie später noch wissen, wann Sie geübt hatten:

✪ Heutiges Datum ....

In den ersten drei Kästchen befinden sich Figuren. Sie verändern sich von links nach rechts. Welche Figur gehört in das vierte (gestrichelte) Kästchen? Wählen Sie das passende unter den ganz rechts stehenden aus.

a b c d e

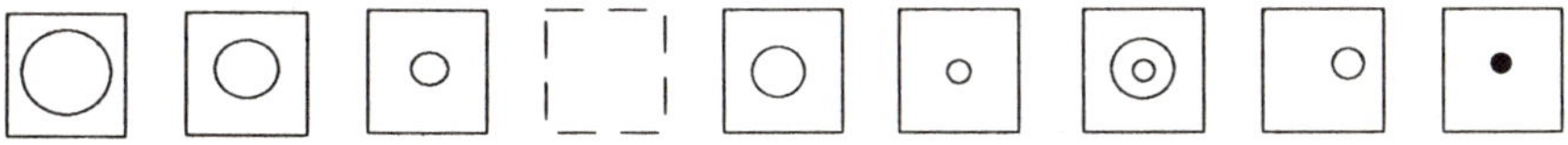

Beispiel: richtig ist b, der Kreis wird immer kleiner.

Machen Sie nun selbst weiter:

a b c d e

1 

a b c d e

2 

a b c d e

3 

a b c d e

4 

Wissen Sie schon, was Sie als nächstes tun werden? Schreiben Sie es bitte hierher:

....

Wie auf einem Schachbrett gibt es nachfolgend Felder, die durch die außenstehenden Buchstaben und Ziffern gekennzeichnet sind. Hinter A und unter 1 befindet sich das Zeichen +, prüfen Sie es.

Also A1 = +
A2 = ?
Setzen Sie es ein. Es ist o
A3 = k und B1 = h

und so weiter. Wenn Sie es verstanden haben, setzen Sie bitte die Zeichen der folgenden Felder ein.

D3= , C1= , B3= ,E5 = , B5 = , B2 = , E1 = , A4 = ,
D3 = , C4 = D1 = , B4 = , B3 = , E2 = , C1= , E4= .

Wenn Sie alles richtig eingesetzt haben, erfahren Sie, wann Gehirnjogging besonders angebracht ist.

	1	2	3	4	5
A	**+**	**o**	**k**	**u**	**g**
B	**h**	**l**	**i**	**e**	**r**
C	**e**	**T**	**g**	**s**	**Ä**
D	**r**	**-**	**b**	**$**	**c**
E	**a**	**s**	**c**	**n**	**U**

Heutiges Datum ....

Im nachfolgenden Buchstabenfeld steht mehrmals das Wort MAUS
Unterstreichen Sie alle versteckten Mäuse!

Arbeiten Sie bitte rasch.

KSMAUSSETRSHATHMAUSRESMAUSMAUSEKLERHTS
MASELTRAMAEASHEGREMAUSLERKTSMAUSASE
MERTHCFMAUSTHKJTREMAUSLOKSTMNBERHMAUS
RTCVBMAUSKDHKGHSTREMAUSZTUIHMAUSKAUZBF
HUSWERHMAULKHUZNMBMAUSZAHESTUTZEAMAUSBE
LKHSARFGHSTREMAUSZTUIMAUSUMAHUSWEMAUSL
ÖLKHUZNMBMAUSMHESTUMAUSUUAMAUSJASKTRE
PFGHSLKJHERSAFGHSTREHMAUSUIMAUSESAHUS
WERMAUSLKHUNMBMAUSMAHESTUTZEAUUAMASE
SMAUSESTERFGHSTREHAMAUSIMAUSWERMAUSLK
HUZMBMAUSHESTUTZMAUUAMAUSPOTEMAUSSFGH
STREMAUSTUIMAUSELAHUSWERMAUSOLKHUZNMB MA
SESAHESTUMAUSUUAMAUSLMNAMAUSFGHSTRE
MAUSTUIMAUSESAUSWERMAUSÖLKHUZNMBMAUSA
HESTUTIEAUUAMAUSOILZTERFGHSTREMAUSTUIHA
SEESAHUSWERMAUSELKHUZNMBHSMASESAHESTUT
ZEAUUAMAUSPLOSETAHEFGHSTREMAUSZTUIMAUSE
SAHUSWERMAUSÖLKHUZNMBMAUSSAHESTUTZEAU
UAMAUSLKERIXSHESFGHSTREMAUSZTUIMAUSES
AHUSWERMAUSLHAKHUZNMBMAUSASESAHMAUSBES

Notieren Sie, wieviele Mäuse Sie gefunden haben? -> ....

Wissen Sie schon, was Sie als nächstes tun werden?

Schreiben Sie es bitte hierher:

....

In den ersten drei Kästchen befinden sich Figuren. Sie verändern sich von links nach rechts. Welche Figur gehört in das vierte (gestrichelte) Kästchen? Wählen Sie das passende unter den ganz rechts stehenden aus.

a b c d e

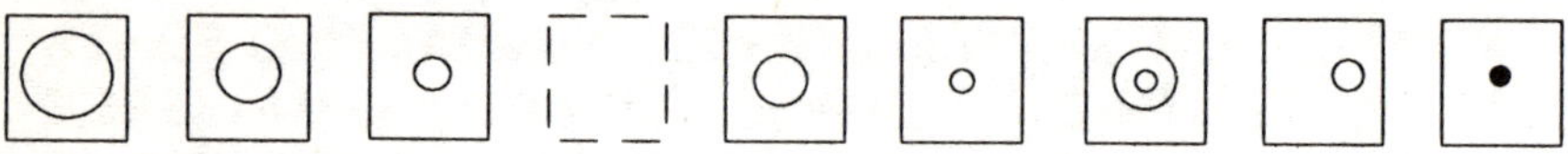

Beispiel: richtig ist b, der Kreis wird immer kleiner.

Machen Sie nun selbst weiter:

1 a b c d e

2 a b c d e

3 a b c d e

4 a b c d e

Heutiges Datum ....

In dem folgenden Text werden zwei Buchstaben nicht richtig wiedergegeben. Welche sind das?

Es sind die Buchstaben .... und ....

M+nche Men#chen #ind der +n#icht, d+ß m+n mit Medik+menten ment+len Lei#tung#+bf+ll oder Lerns#örungen mindern kann. #o ver+breichen bei#piel#wei#e Mütter Ihren Kindern Pillen gegen Lern#chwäche oder Konzentr+tion#m+ngel. E# gibt zwar Medik+mente, gegen #törungen der Hirnfunktionen und für die Durchblutung und Ver#orgung de# Gehirn. Diese Präp+r+te #ind +ber keine#f+ll# für org+ni#ch ge#unde Men#chen entwickelt worden. Wer nur er#chöpft oder un-konzentriert i#t, k+nn durch Gehirn-Jogging wieder +ufgeweckter und gei#tig +ktiver werden.

Schreiben Sie nun die Buchstaben über die falschen Textstellen.

Wissen Sie schon, was Sie als nächstes tun werden? Schreiben Sie es bitte hierher:

....

Wieviele Kreise enthält die folgende Figur?

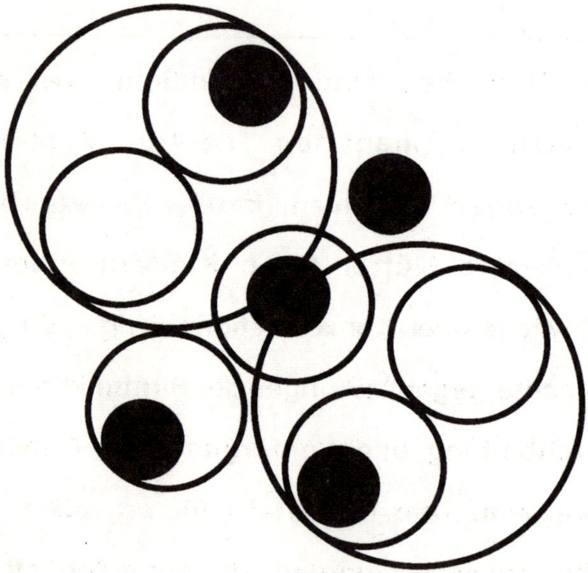

Es sind .... Kreise.

Bitte Datum eintragen, damit Sie später noch wissen, wann Sie geübt hatten:

❂ Heutiges Datum ....

Zwischen lauter sinnlos angeordneten Buchstaben stecken folgende Wörter:

PILZE, ITALIEN, GEBIRGE, ERHOLUNG, GESUNDHEIT, LUFT, WALD, WANDERUNG, URLAUB, SONNENSCHEIN

Sie stehen in der umgekehrten Reihenfolge, also zuerst SONNENSCHEIN, dann URLAUB und so weiter.

Finden Sie sie heraus und unterstreichen Sie jedes gefundene Wort im Rahmen.

KLFGLHSONNENSCHEINMFPFLUMEJGOJZORHLEJG
KAERHIEROFCNURLAUBVFDJKSNTRHEOTSTRERK
WANDPLTERUNGWANDERUNGJOJHKLDTUKJROET
KJGOMTWALDIGENSTAWTHEILUFTSTADTALILIERET
KJHGFGESUNDHEITHEQSGNHZERHOLUNGANDEDHJIZ
REWSFGHKTELZTERTGEBIRGETHARKTEWWROVORIN
KOITALIENSERWKRAWHOTIRHENAPILZENNEDRAENTE

Jetzt haben Sie Ihr Gehirn trainiert. Wenden Sie sich nun wieder Ihrem Alltag zu. Wissen Sie schon, was Sie als nächstes tun werden?

Schreiben Sie es bitte hierher:

....

Gehen Sie die nachfolgenden Spalten von oben nach unten durch und prüfen Sie, ob drei gleiche Zeichen wie ein Winkel mit der Spitze nach unten beieinander stehen. Wenn Sie drei gleiche gefunden haben, streichen Sie diese bitte durch.

Beispiel: LOD
&D&
E&P
W&E

Sobald Sie die erste Spalte bearbeitet haben, nehmen Sie sich die zweite rechts daneben vor und so weiter. Bitte rasch arbeiten!

Spalte

1	2	3	4	5
&KE	**&N&**	**AK&**	**PLP**	**APA**
%Z%	**K&R**	**S§S**	**KEK**	**PAP**
P%P	**DUD**	**OSB**	**JKJ**	**LAQ**
OKO	**%DK**	**KPK**	**KJE**	**%Z%**
KOK	**OGX**	**VKV**	**%K%**	**Z%Z**
N&D	**%U%**	**?V?**	**Z%Z**	**TF%**
RCR	**R%R**	**K?O**	**KOK**	**VCI**
CRC	**DOO**	**WKS**	**LGS**	**B$K**
W§I	**YTY**	**DAD**	**W**	**NGN**
§KK	**TYT**	**&DA**	**P$S**	**INP**
§W§	**P**	**VMV**	**CPG**	**E**
S§F	**L$L**	**WVL**	**YGY**	**Z$Z**
ES&	**GRG**	**C$C**	**QYQ**	**DZD**
A&A	**RGR**	**GCG**	**PQR**	**KD&**

Zählen Sie nun zusammen, wieviele Sie durchgestrichen haben.

Schreiben Sie diese Zahl hierher -> ....

✪ Heutiges Datum ....

Wieviele Kreise enthält die folgende Figur?

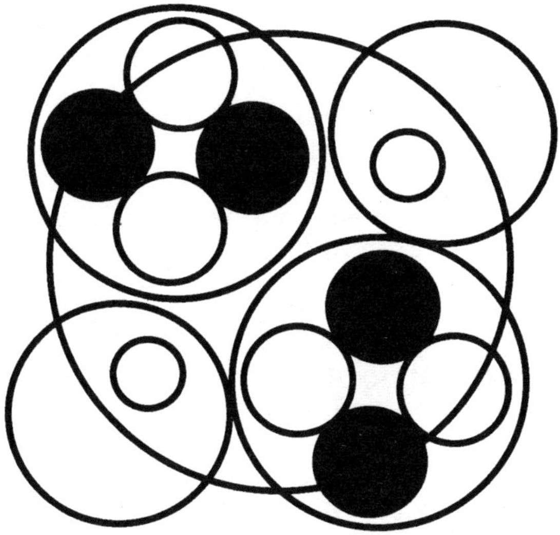

Es sind .... Kreise.

Jetzt haben Sie Ihr Gehirn trainiert. Wenden Sie sich nun wieder Ihrem Alltag zu. Wissen Sie schon, was Sie als nächstes tun werden?

Vergessen Sie auch in Zukunft nicht, etwas für Geist und Gedächtnis zu tun. Denn sie müssen regelmäßig gefordert werden.

LÖSUNGEN

Einheit	1	Seite 1:	Es fehlten die Buchstaben i, h und t
Einheit	1	Seite 2:	15 mal D
Einheit	2	Seite 1:	13 mal gleiche Buchstaben
Einheit	3	Seite 1:	13 mal gleiche Buchstaben
Einheit	3	Seite 2:	1d, 2 d, 3 e , 4 c
Einheit	4	Seite 1:	Spalte 1 = 4 mal, 2 = 2 mal, 3 = 4 mal, 4 = 5 mal, 5 = 5 mal, 6 = 4 mal, 7 = 5 mal
Einheit	4	Seite 2:	12 Quadrate
Einheit	5	Seite 1:	16 mal gleiche Buchstaben
Einheit	7	Seite 1:	Es fehlten die Buchstaben m und n
Einheit	7	Seite 2:	A) 4 mal, B) 3 mal, C) 3 mal, D) 5 mal, E) 3 mal, F) 2 mal
Einheit	8	Seite 1:	Es fehlten die Buchstaben a, r und t
Einheit	8	Seite 2:	14 Quadrate
Einheit	9	Seite 2:	A) 4 mal, B) 3 mal, C) 3 mal, D) 5 mal, E) 4 mal, F) 3 mal
Einheit	10	Seite 1:	1a, 2c, 3b, 4b
Einheit	10	Seite 2:	Es fehlten die Buchstaben t, r und l
Einheit	11	Seite 1:	16 mal gleiche Buchstaben
Einheit	11	Seite 2:	20 Dreiecke
Einheit	12	Seite 1:	A) 21, B) 27, C) 8, D) 121, E) 5, F) 36, G) 23, H) 8, I) 30, J) X13
Einheit	13	Seite 1:	1e , 2b , 3a , 4b
Einheit	14	Seite 1:	18 mal gleiche Zahlen
Einheit	15	Seite 1:	19 mal gleiche Buchstaben
Einheit	16	Seite 1:	A) 3 mal, B) 4 mal, C) 3 mal, D) 4 mal, E) 4 mal, F) 1 mal
Einheit	17	Seite 1:	D kam 33 mal vor
Einheit	18	Seite 1:	Spalte 1 = 3 mal, 2 = 3 mal, 3 = 4 mal, 4 = 5 mal, 5 = 2 mal, 6 = 3 mal, 7 = 4 mal
Einheit	19	Seite 1:	GH kam 29 mal vor
Einheit	19	Seite 2:	1d, 2e, 3b, 4d
Einheit	20	Seite 1:	KLBQ kam 25 mal vor
Einheit	21	Seite 1:	25 mal gleiche Ziffern
Einheit	21	Seite 2:	Es sind 7 Kreise
Einheit	22	Seite 1:	24 mal gleiche Buchstaben
Einheit	23	Seite 1:	Spalte 1 = 3 mal, 2 = 3 mal, 3 = 3 mal, 4 = 5 mal, 5 = 2 mal, 6 = 3 mal, 7 = 4 mal